Une étoile pour Nina

L'auteur

Née à Rabat, au Maroc, **Anne-Marie Pol** a eu une enfance et une adolescence voyageuses. Cette vie nomade l'a empêchée d'accomplir son rêve : être ballerine. Elle a vécu en Espagne où elle a travaillé comme mannequin pendant une dizaine d'années. En 1980, de retour à Paris, après des études théâtrales à la Sorbonne, elle se décide à réaliser un autre grand rêve : écrire. Son premier roman paraît en 1986. Depuis, elle a écrit de nombreux livres, dont certains sont maintenant traduits en plusieurs langues. Ses ouvrages sont publiés chez Bayard Éditions, Mango, Flammarion, Hachette, Grasset.

Vous êtes nombreux à nous écrire
et vous aimez les livres de la série DANSE !
Adressez votre courrier à :
Pocket Jeunesse, 12, avenue d'Italie, 75013 Paris.
Nous vous répondrons et transmettrons
vos lettres à l'auteur.

Danse !

Anne-Marie Pol

Une étoile pour Nina

POCKET
jeunesse

Nous remercions de tout cœur Janine Stanlowa qui nous a prêté les costumes et ouvert les studios de son école, l'Institut international Janine Stanlowa. Merci aussi à ses élèves qui ont eu la gentillesse d'interpréter les personnages des couvertures de DANSE !

ISBN : 2-266-09986-8

Loi n° 49 956 du 16 juillet 1949 sur les publications destinées à la jeunesse : septembre 2000

Tu danses,
tu as dansé,
tu rêves de danser...
Rejoins vite Nina et ses amis.
Et partage avec eux
la passion de la danse...

Pour Maître Peretti

Pour Nina Vyroubova

Résumé de DANSE ! nº 9 :
Avec le vent

La tournée à Ploumaël, en Bretagne, a apporté deux bonnes surprises à Nina. D'abord, elle a découvert un petit chat abandonné... et l'a offert à Mo ! Il l'a baptisé Talj (Neige, en arabe). Ensuite – après une aventure qui aurait pu tourner à l'accident – ils ont dansé ensemble ce pas de deux dont elle rêvait depuis si longtemps...

Mais les meilleures choses ont une fin, comme dirait Mme Suzette, et il faut bien rentrer à Paris ! Heureusement, un projet sublime y attend Nina : Éva Miller, l'étoile de l'Opéra, l'a vue danser à Ploumaël ; elle lui a proposé de la faire travailler.

Un nouveau tournant dans la vie de Nina Fabbri ?

Ça se pourrait bien !

1
On tourne la page

1... 2... 3 !

Ça y est ! C'est reparti !

Le voyage fini, on va reprendre notre train-train.

Quelquefois, j'ai l'impression d'être un petit cheval de bois, et de tourner, tourner, tourner, sans relâche. Rien ne peut m'arrêter... ou, plutôt, JE NE PEUX PAS m'arrêter ! Dès qu'on s'arrête, on recule – paraît-il. Alors... je continue.

Il ne faudrait pas qu'une autre fille me dépasse.

Danse, Nina !

Je me fais ces réflexions pendant que le

car se fraie un chemin dans les embouteillages du retour. Nous étions tous crevés, les danseurs, et avachis sur les sièges tels de vieux chiffons... l'arrivée proche commence à nous électriser ! On remue, on bâille, on s'étire. Bientôt, les voix s'entrecroisent. Mme Suzette a beau couiner : « Silence », personne ne l'écoute.

Pour mieux voir au-dehors, je nettoie la buée du carreau.

Sous le ciel qui vire lentement au noir, Paris est un kaléidoscope de lumières. J'aime bien. Mais j'ai bien aimé Ploumaël, aussi... et je m'en sens déjà si loin ! L'odeur d'essence chasse le parfum des embruns...

La Bretagne devient un souvenir.

Est-ce triste ? Je ne sais pas. Ma vie est belle partout !

Et j'appelle à mi-voix :

– Mo...

Cette fois-ci, il a réussi à s'asseoir juste devant moi... avec Vivien Fernon – manque de bol ! Sa présence m'énerve et me coince, autant que celle de Julie-la-Peste, de l'autre côté de l'allée. Elle écoute tout. À Ploumaël, elle a été (un peu) moins méchante que d'habitude, d'accord, mais ça ne change rien.

Je voudrais dire à Mo... deux ou trois petits trucs sympas. Dans une demi-heure (ou moins), on va se séparer.

Pas marrant !

On se reverra quand... lui et moi ? Quand redansera-t-on ensemble ? Mystère ! J'en ai presque la larme à l'œil. Et je marmonne :

– Il va bien, Talj ?

Mo se retourne :

– Super.

Le chaton dort sur ses genoux. Depuis le départ de Ploumaël, il ne le cache plus. Et, miracle, Mme Suzette n'a pas moufté. Il faut dire qu'avec sa joue en poire [1] (d'un côté), elle est en état d'infériorité.

Je souris.

– Il est génial, ce chat.

– Ouais.

Mon moral dégringole en chute libre. Comme « petits trucs sympas » avant la

1. Voir *Avec le vent*, n° 9. Mme Suzette a eu des ennuis dentaires.

séparation, il y a mieux. Surtout si V. F. s'en mêle :

– Y a de la place pour lui chez toi ? demande-t-il.

Non mais ! Quel sans-gêne ! Personne ne l'a sifflé, que je sache !

– On s'arrangera, lui répond Mo.

Victoria (à côté de moi, bien sûr) met son grain de sel :

– Une si petite bête... ! Ce ne sera pas un problème : elle tiendrait dans une boîte à chaussures.

Puis elle s'enquiert :

– Il aimerait un bout de choc', Talj, tu crois ?

Je me rencogne dans mon siège. Aucune envie d'une conversation à quatre ! J'ai l'impression que les autres sont en train de me voler Mo, alors qu'il nous reste si peu de temps à être ensemble.

Quoique...

J'ai une idée ! Me penchant vers lui, je chuchote :

– Viens dîner chez nous, ce soir.

– Ça va pas déranger ?

– Tu rigoles ?

J'insiste :

– Garance sera vachement contente de connaître Talj.

Mo hoche la tête :

– O.K. Si ma mère est d'accord. Je l'appelle de chez toi.

Le soulagement ! On va se quitter moins vite que prévu. Soudain, je me sens plus légère qu'un oiseau. J'en souris à Vic ; je lui dis un mot gentil :

– J'ai hâte de voir tes photos...

La veille du départ, elle s'est acheté un appareil jetable et elle a fait le reportage de la tournée. Le théâtre, la plage, notre campement et Talj... tout y a passé !

– Pourvu qu'elles soient réussies... s'inquiète-t-elle.

– Elles seront super, je te parie.

J'ajoute :

– Même que Mme Suzette les exposera.

Les yeux de Vic étincellent. Ses œuvres punaisées au tableau de service, quelle consécration !

– Hé ! Ho ! regardez, on arrive ! crie quelqu'un.

Tout le monde colle le nez aux vitres. Le

bus roule au pas dans l'étroite rue Gît-le-Cœur. Devant l'école Camargo, un groupe de parents nous attend, sous la flaque de lumière du lampadaire.

Et, soudain, j'ai le cœur serré.

Brouhaha + exclamations + bousculade = tiercé des retrouvailles ! On y a droit. Bien sûr. Les danseurs se marchent dessus pour descendre plus vite, sauf Mo et moi. Je ne suis pas tellement pressée d'arriver et, lui, fait très attention au chaton qu'il tient avec précaution. Les griffes plantées dans son pull, Talj miaule : « Mais-mais-mais... » Il s'étonne, c'est normal. Tous ces gens... ! Parmi eux, Garance gesticule en appelant :

– Émile !

Et son fils plonge du marchepied dans ses bras. Un vrai bébé ! Elle le câline comme s'il revenait d'un voyage intergalactique. Ça m'agace un peu. Peut-être parce que je ne suis pas attendue « pour de bon » par quiconque. Je vois la mère de Julie lui picorer la joue, celle de Vic se jeter à son cou... et je me dis : Garance n'est que ma logeuse. Ça change tout.

Pourtant, les bras encore entortillés autour d'Émile, elle me sourit gentiment :

– Tu vas bien, Nina ?

– Super.

Je m'approche. On s'embrasse.

– Pas trop fatiguée, mon chou ?

– Non... oui... enfin, je ne sais pas ! Il s'est passé plein de trucs ! On te racontera.

Et je lui annonce aussitôt :

– J'ai proposé à Mo de dîner à la maison, ça ne t'ennuie pas ?

– Si, me répond-elle.

Alors là ! J'en suis bouche bée.

– Je n'ai pas prévu d'invité, me précise-t-elle d'un ton pète-sec.

Peut-être, mais... j'ai l'air de quoi, vis-à-vis de Mo ? À un demi-pas derrière moi, il a tout entendu, et comme si de rien n'était, il dit poliment bonsoir à Garance. Elle minaude :

– Excuse-moi.

– C'est pas grave.

– Une autre fois...

Et elle s'écrie :

– Tiens ! Tu as un chat... ?

Non, grosse maligne, c'est un perroquet – j'ai envie de riposter ! Mais Mo lui répond :

– Ouais. Un cadeau de Nina. Il est beau... hein ?

Et il a une voix... tellement contente ! J'en oublie ma sale humeur. On va récupérer nos sacs à dos dans la soute du car, tous les deux. Pendant qu'il les ramasse, je garde Talj. Ses yeux d'azur me fixent, surpris.

Je le serre fort, en chuchotant :

– Dis donc, toi, tu ne m'as pas oubliée, quand même ?

Et je pique un baiser sur sa petite tête, si blanche dans la pénombre.

– Voilà, dit Mo.

Il dépose mon sac devant mes pieds, charge le sien sur son dos. Je dis tout bas :

– Alors... on se téléphone ?

– Ouais.

Autour de nous résonnent des « Au revoir » ou « À demain... ». Hélas, pour nous deux, il n'y a pas de « À demain ». Mo n'était qu'un invité, chez Camargo. Maintenant, c'est chacun chez soi... Il va me manquer... d'une façon horrible !

C'est trop triste !

J'ai envie de mettre les bras autour de son cou, d'appuyer ma joue contre la sienne. Impossible : les autres ! À l'école, Radio-ragots fonctionne vingt-quatre heures sur vingt-quatre. Alors, avant de le lui rendre, je murmure au chaton :

– Salut, Talj. Je t'aime... beaucoup-beaucoup.

Une lumière très douce vacille dans les yeux noirs de Mo. À cet instant, Vic me corne aux oreilles :

– Bonsoir, Nina !

Et la magie disparaît. Mo reprend Talj, j'endosse mon sac et je fais une bise machinale à ma copine.

– Salut.

– Tu viens, Nina ? me lance Garance.

Oh ! zut ! On n'est pas à cinq minutes !

– Dépêche-toi.

– Vas-y, me dit Mo, ça ne change rien d'attendre.

Si. Cela change tout. Mais s'il ne comprend pas... ! Je marmonne :

– Bon. Salut. À bientôt.

Je fais volte-face... et je pars – exactement

comme je n'avais aucune envie de m'en aller : d'une façon idiote ! Mon cœur est lourd. Cent kilos de déception.

Je déteste les séparations.

Ce n'est pas nouveau !

2
États d'âme

À peine arrivée à la maison, je file dans ma chambre.

J'en veux à Garance. Inviter Mo ne lui coûtait pas grand-chose : une platée de spaghettis (je parie que les pâtes sont au menu de ce soir) et un verre d'eau ! Mais Madame a fait sa princesse : *Je n'ai pas prévu d'invité.* À croire qu'il n'y avait pas assez de caviar pour tout le monde ! Et moi qui lui ai rapporté un cadeau de Ploumaël... ! J'aurais mieux fait de garder mes sous.

Je claque la porte.

J'en ai marre d'être ici... par moments !

Une larme me picote la paupière. Je renifle un bon coup : non ! je ne pleurerai pas. Et Mo... ! Comme il m'a laissée partir... ! Peut-être qu'il s'en fiche qu'on soit séparés... ?

Je jette un coup d'œil au jasmin. Il n'a plus une fleur. Et la larme dégouline sur ma joue.

Tant pis. Je pleure.

Après tout, j'ai de bonnes raisons.

Une fois débarrassée de mon sac à dos, je me blottis dans le fauteuil vert, la tête appuyée très fort contre son tissu usé. Mon refuge ! Il vient de ma vie d'avant. C'est un vestige, quoi. Un souvenir de Papa. Et je garde aussi quelque chose de Maman : par l'encolure de mon pull, le cœur d'or glisse sur sa chaîne. Je le serre au creux de ma main.

Une seconde, j'ai (presque) l'impression d'être entre mes parents. Ça va mieux.

Et là, sur ma table, dans un verre d'eau, j'aperçois soudain... une rose ! Elle est superbe ! On la dirait découpée dans le satin d'un chausson... mes narines palpitent... mais non ! c'est une vraie fleur. Je me redresse pour la humer de plus près : elle embaume.

Un geste de Garance. Une manière de me souhaiter un bon retour à la maison. Du coup, j'ai un peu honte de mon humeur de chien. Je m'énerve, je m'énerve, et – dans le fond – les gens sont sympas avec moi !

Du coup, j'ouvre mon sac pour en exhumer la surprise destinée à Garance. Le paquet rond est très beau dans son papier bariolé ; un flot de bolduc doré serpente autour et y cascade.

– À table ! lance-t-elle à la cantonade.

Ça tombe bien. Je me précipite :

– J'arriiive !

Et je tombe nez à nez avec Émile qui sort de sa chambre. Lui aussi porte un paquet cadeau, aussi enrubanné et chic que le mien. Je chuchote :

– Qu'est-ce que tu lui as acheté ?

– *Tope sicrète*, me répond-il avec l'accent anglais.

Ce détail me chiffonne : il me rappelle Zita. Ah ! si tous nos mauvais moments pouvaient s'effacer...

Je laisse échapper un énorme soupir.

Le cri d'Émile – qui me précède dans la cuisine – envoie bouler mes états d'âme.

– Su-per ! T'as vu, Ninoche ?

J'entre aussi... et je répète en écho :

– Su-per !

Éclairée par des bougies rouges, la petite pièce en devient jolie. Au milieu de la table, couché sur un lit de laitue et veillé par une double rangée d'œufs mimosa, un homard nous tend ses grosses pinces écarlates.

Pas de spaghettis ce soir... et presque du caviar !

Oui. Vraiment. On dirait qu'Émile revient d'un voyage intergalactique... et moi aussi !

– Ce crustacé en souvenir de la Bretagne, dit Garance. Il n'est pas très gros, mais...

Nos regards se croisent. Elle ajoute :

– Tu comprends pourquoi je ne pouvais pas inviter Mo.

– Oui.

Je vais l'embrasser :

– La rose est sublime, merci beaucoup, toute ma chambre sent bon...

Et je lui tends mon cadeau :

– Moi aussi, j'ai quelque chose pour toi !

– Oh ! Nina ! tu es trop gentille...

– Comme ton fils unique et préféré ! remarque Émile en lui collant son paquet sous le nez.

– Oui, mon cœur.

Elle défait déjà les papiers du mien.

– Qu'est-ce que c'est ?

– Tu vas voir.

Je suis fière de mon choix. C'est un bol rose aux petites oreilles bleues avec écrit GARANCE en jaune d'or. Mais lorsqu'elle le sort de son emballage, Émile glapit :

– Oh ! non !

– Quoi ?

– J'ai acheté le même !

– Génial ! dit Garance, je vais commencer une collection.

Et on éclate de rire. Tous les trois. On s'assoit en faisant beaucoup de bruit. Garance débouche une grande bouteille de Coca light. On trinque.

– Au fait, Nina, me demande Garance, tu as trouvé le fax de ton papa, sur la table de ta chambre ?

– Non !

Un fax de Papa ! Toute à ma mauvaise humeur, je ne l'ai même pas remarqué. Je bondis sur mes pieds.

– Je vais le chercher !

– Hé ! il va pas s'envoler... proteste Émile.

Garance renchérit :

– Voyons, dîne d'abord. Tu profiteras plus tranquillement de ta lettre, après...

– Tu as raison.

Je me rassois. En fait, quelquefois, c'est chouette d'attendre (un peu) un moment agréable. On le savoure à l'avance.

Que me raconte-t-il, cette fois-ci, mon père ?

Tout en dégustant une tranche de homard, j'échafaude, j'imagine, je tâche de deviner...

C'est comme si un magnifique gâteau m'attendait pour le dessert !

3
La rage !

Je referme la porte et je me précipite pour récupérer ma lettre. En la dépliant, je m'écrie : chouette ! Elle est très longue.

Pour la déguster, je m'installe dans le fauteuil vert.

Le Caire, le 19 février

Ma petite Bichette...

J'adore lorsque Papa m'appelle par mon surnom, même si c'est juste par écrit. J'ai l'impression qu'on se retrouve pour de bon, tous les deux. J'entends sa voix, et je sens presque l'odeur de ses habits.

Je me dépêche de lire la suite...

Tu sais, j'ai beaucoup réfléchi avant d'écrire cette lettre ; j'ai même failli te téléphoner... et puis, j'y ai renoncé. Je ne sais jamais quand et où te trouver : tu es toujours par monts et par vaux !

Je fronce les sourcils : il n'y aurait pas un petit reproche, là-dessous ?

Voyons la suite !

À vrai dire, je regrette chaque jour davantage de t'avoir laissée à Paris. Tu grandis très loin de moi, et ça me pèse. Surtout en ce moment...

Je marmonne :

– En ce moment... pourquoi en ce moment ? C'est tout le temps pareil !

Et je suis plutôt déroutée. Je ne m'attendais pas à ce discours bizarre. Qu'est-ce qu'il arrive à Papa ? Un coup de blues... ou autre chose ?

Je reprends ma lecture – une boule dans l'estomac.

Surtout en ce moment...

En effet, ma chérie, je trouve que tu parles un peu beaucoup du jeune Mo dans tes lettres. Et Garance m'a confirmé que tu le voyais souvent. Bien sûr, il est normal d'avoir des copains... mais, à treize ans et des poussières, je préférerais que tu te concentres sur ton travail scolaire et chorégraphique, plutôt que de rêvasser...

J'en lâche le fax.

Ça veut dire quoi, ce sermon débile ? Je n'en reviens pas. Il est complètement ringard, mon père ! À vivre sur la « terre des pharaons », il se croit revenu à l'époque de Toutankhamon, ma parole ! D'abord, je ne *rêvasse* pas (une expression digne de Mme Suzette), j'aime... beaucoup un garçon. Nuance !

Est-ce interdit, par hasard ?

Tiens ! je vais lui répondre dare-dare : tu *rêvassais* bien à ton Odile, toi, mon cher Papa ! Évidemment... Lorsqu'il s'agit d'un adulte, il *rêve*, lui. Il a le droit.

Et je déchire la feuille en mille morceaux. À la poubelle, ce torchon nul et archi-nul ! Après, je suis toute tremblante. Quelle déception ! On croit qu'on peut parler, se confier, ouvrir son cœur... et voilà le résultat : incompréhension et compagnie !

Je jette un regard noir à la rose.

J'ai tout pigé : Garance fait sa gentille avec moi, mais elle passe sa vie à cafter à Papa. Son homard n'était qu'une bonne excuse : elle l'a acheté trop petit exprès pour ne pas inviter Mo. Elle obéit à mon père. L'air de rien (ou plutôt l'air en dessous), elle cherche à m'éloigner du garçon que j'aime... bien.

Mais elle n'y arrivera pas !

J'attrape la rose... Je lui arrache ses pétales, un à un.

Après, je ne me sens pas terrible. Mon geste était puéril. Il ne résout rien. J'ai juste esquinté une belle fleur. Et ça, c'est bête.

Je me couche, le cœur gros.

4
Retrouvailles et...

Au matin, après le petit déjeuner, les pétales épars de la rose massacrée ont rejoint les débris du fax. Maintenant, je regrette presque... Dès que je m'en sentirai le courage, je répondrai à Papa. Pour le moment... passons à autre chose !

Aujourd'hui, avant d'aller chez Camargo, j'ai du pain sur la planche ! Je dois ranger ma chambre, mettre à laver les vêtements utilisés à Ploumaël, jeter un coup d'œil aux devoirs (légèrement en carafe) envoyés par le CNED [1] ou...

1. CNED : Centre national d'enseignement à distance, organisme qui permet à Nina de poursuivre ses études par correspondance.

Téléphoner à Mo ?

Oui. Je pourrais. Je devrais, même. On s'est quittés si bêtement...

Peut-être qu'il a le cafard, à cette minute. D'ailleurs, s'il ne l'avait pas, il m'aurait déjà appelée. Il m'en veut un peu... qui sait ?

J'entrebâille ma porte pour écouter les bruits familiers de la maison. L'eau crépite dans la salle de bains. Chouette ! Garance est sous la douche. Vite ! Profitons-en ! Je n'ai pas envie de parler devant elle. D'ici qu'elle fasse son rapport d'espionne à « qui de droit »...

Sur la pointe de mes pieds nus, je me faufile dans l'entrée jusqu'à l'appareil, je décroche. Et la voix de Garance retentit :

– C'est toi, Nina ?

Je reste paralysée. Quelle poisse ! Elle était dans le salon. Oh ! et puis zut ! J'ai le droit d'appeler qui je veux ! Je grommelle :

– Ouais. Je téléphone à Mo.

– À cette heure-ci, il est sûrement au collège, répond-elle.

Et je me sens complètement idiote. Elle a raison. Je raccroche. Qu'est-ce que je suis déçue ! Du coup, en repartant dans ma chambre, je tape au passage sur le battant de la salle de bains :

– Active, Mimile ! Je voudrais la place. Tu mets un temps, c'est pas croyable... !

Ça y est ! Je suis prête !

Dans une demi-heure, je reprendrai vraiment le train-train. Je serai à la barre, comme tous les jours (sauf le dimanche) depuis trois mois. Je remplis mon balluchon (tunique, collants, chaussons, cache-cœur, élastique de taille...) lorsque...

Driiing !

On sonne à la porte. Je me précipite, en chantonnant dans ma tête : c'est lui ! C'est lui !

Il a séché le collège... pour me voir ! Je le sens, je le sais ! C'est lui ! C'est lui !

J'ouvre.

– Salut, Nina ! s'écrie Vic. J'étais un peu en avance, alors je me suis dit...

Elle m'a apporté les photos de Ploumaël.

– Déjà ?

– J'ai trouvé une boutique où on les développe en une heure.

Avant de filer chez Camargo, on prend cinq minutes pour les regarder. Elles sont géniales. Je les étale sur la table basse du salon. Garance et Émile viennent les admirer.

– Ah ! c'était « méchant », la Bretagne ! piaille-t-il.

Il y a une photo de groupe. Nous sommes côte à côte, Mo et moi, comme le jour d'Aubry-sur-Marne – le jour où on s'est rencontrés. On fait un de ces sourires... ! Et ça me colle le cafard. Je ne sais pas trop pourquoi. Simplement, peut-être, parce que tout passe si vite.

– Tu as vu le gros plan de Talj ? dit Vic en poussant la photo vers moi. Je l'ai bien réussi.

Je soupire :

– Super...

Il me manque un peu, le chaton aux yeux bleus, mais je préfère qu'il soit chez Mo.

Grâce à lui, il est forcé de se souvenir de moi, puisque c'est mon cadeau...

– Allez, les enfants, s'écrie Garance, dépêchez-vous ! Vous allez arriver en retard.

Vic ramasse ses photos prestement, tel un prestidigitateur son jeu de cartes. Émile remarque :

– Si la mère Suzette les expose pas, c'est une andouille !

– De toute façon, c'en est une, dis-je, même si elle les expose !

Garance proteste :

– Oh ! Nina !

Et, morts de rire, on décampe au triple galop.

Andouille ou pas, la dame de confiance a punaisé sur le liège du tableau quelques photos de notre tournée. Elle a même fait un compliment à Victoria :

– Bravo, ma petite, tu as l'œil...

Le remords m'a turlupinée deux secondes : je ne suis pas sympa. Et Mme Suzette a ajouté :

– ... Si tu deviens trop grosse pour la danse, tu pourras toujours « faire photographe ».

La vache ! Vic a verdi... et mon remords s'est évanoui. En effet, Mme Suzette est la reine des...

Ding, ding, ding !

La clochette de la porte vitrée tintinnabule. Abandonnant le tableau, la dame de confiance se précipite à l'accueil. On entend :

– Bonjour, madame Suzette !

Zita... et Alice ! Est-ce que ça me fait plaisir de les voir ? Je n'en suis pas sûre. Vic et moi les rejoignons sans trop nous presser, pendant qu'Émile fait cracher la machine à bonbons.

On claironne :

– Salut.

– Salut, répondent-elles, indifférentes.

Elles portent des chapeaux de velours rouge à pois blancs *typical english*... et franchement moches ! Mais si elles veulent ressembler à deux champignons jumeaux, ça les regarde.

– Alors, les filles, ce voyage à Londres ? s'enquiert Mme Suzette.

Super, formidable, inoubliable, fantastique... GÉ-ANT ! Les adjectifs tombent dru, puis Alice minaude :

– On vous a apporté notre photo à Covent Garden[1]...

La sortant de son sac, elle l'exhibe avec fierté ; et ça me fait plutôt mal au cœur. Elle est identique à celle de Zita et moi, prise sur l'escalier de l'Opéra... il y a mille ans[2] !

– Je vais la mettre au tableau, décide aussitôt Mme Suzette, avec les « instantanés » de Bretagne.

Zita laisse échapper un petit rire :

– J'avais oublié votre Bretagne...

Tu parles ! Un gros mensonge juste pour nous vexer ! S'adressant à moi, l'air hautain :

– Au fait, Nina, s'informe-t-elle, c'était bien... les crêpes, la mer, et les mouettes ?

1. Covent Garden : l'Opéra de Londres.
2. Voir *Nina, graine d'étoile*, n° 1.

Ce dédain ! À l'écouter, on a l'impression d'une ringardise maximale. Comme si Londres représentait le top, et Ploumaël, le fond du panier. Elle est d'un snob ! Je riposte :

– Il n'y avait pas que les crêpes, la mer, et les mouettes...

– Quoi encore ?

– La danse, tiens !

Zita rougit. À vouloir me vexer, elle s'est mise dans son tort. Une future ballerine, oublier la danse... ! Mme Suzette lui jette un regard glacial.

– Et c'était bien le plus important, à Ploumaël !

– On a fait un tabac, renchérit Vic.

Alice « plaisante » :

– Dans un trou pareil, ça doit pas être bien difficile...

– Comment peux-tu parler ainsi ? se scandalise la dame de confiance. Danser est difficile partout. Rien n'est jamais gagné, même dans un... trou.

Le mot a du mal à passer, Ploumaël étant sa terre natale.

– Si on peut plus rigoler ! se défend Alice.

Là-dessus, Émile tombe à pic, les mains pleines de bonbons.

– Qui en veut ?

– Personne ! tranche Mme Suzette. Montez aux vestiaires maintenant, vous allez être en retard.

Il n'insiste pas et file : elle a retrouvé son air revêche. Elle est vexée à mort, d'après moi ! Mais Alice se rattrape tant bien que mal, en s'écriant :

– Il est revenu, Maître Torelli, j'espère !

La dame de confiance s'adoucit illico. Notre professeur est son dieu. Elle lui tricote même des pulls...

– Non, répond-elle tristement, il n'est pas rétabli...

Ça me serre le cœur. Même si – confusément – je le sentais. Je jette un coup d'œil machinal vers le logement de Mme Camargo, de l'autre côté de la cour. Serge Torelli y habite.

– ... En ce moment, il est à l'hôpital, précise Mme Suzette.

Silence. On est mal, tout à coup, sauf Zita qui s'informe :

– Alors, Piotr Ivanov assure toujours l'intérim ?

– Toujours.

Il s'est accroché à l'école Camargo comme une tique à la peau d'un chien, je trouve. Je déteste ce prof, mais Zita l'adore. Elle jubile :

– Chouette !

Quel manque de tact ! Pas un regret pour notre vieux maître, pas un mot gentil... ou poli. Elle est vraiment décevante.

Je dis à Victoria :

– Tu viens ?

On monte l'escalier lorsque, dans mon dos, j'entends chuchoter Zita :

– Elles sont grandes copines... maintenant ?

– Qu'est-ce que ça peut te faire ? s'étonne Alice.

– Rien.

Si. « Ça lui fait » ! Zita aimerait que je n'aie aucune amie. Je le comprends soudain. Me voir isolée lui plairait... !

Pourquoi ?

On s'aimait bien, avant. Il devrait en rester un petit quelque chose ! Moi, par exemple, je n'ai aucune envie qu'elle soit malheureuse.

Alors... ?

C'est terriblement compliqué, les sentiments...

5
... Révélations !

On prend les mêmes et on recommence !

Voilà ! La classe des Vertes se retrouve au complet, à s'habiller, se coiffer, papoter en chœur...

C'est drôle ! Aujourd'hui, « celles de Ploumaël » se groupent machinalement, comme si le voyage avait resserré les liens. Nous avons des souvenirs communs. Alice et Zita, aussi – mais pas avec nous. Elles s'installent tout au bout du vestiaire et elles font des « messes basses » en enfilant leurs collants.

Élodie les dérange d'un tonitruant :

– Hé, les filles !

– Quoi ?

– Dommage que vous ne soyez pas venues en Bretagne, c'était génial !

– On le saura ! ironise Alice.

Et Zita prend ses grands airs :

– Il paraît que vous avez eu du succès ?

– Un triomphe, tu veux dire ! rectifie Flavie.

– Surtout Nina.

Cette précision de Julie-la-Peste éclate comme un coup de cymbale. Je n'en reviens pas. Les autres non plus. Tout le monde la regarde.

– Elle a improvisé avec Mo, et ils ont été top niveau !

De mieux en mieux ! Julie qui fait ma pub... on aura tout vu ! Je me sens obligée de lui sourire... quoique... je sois un peu réticente sur les bords. Trop gentille pour être honnête, Mlle Langue-pointue ! Elle ne chante pas mes louanges par hasard, je le sais. Elle cherche à faire râler Zita.

Et ça marche.

Celle-ci me jette un regard acéré :

– Tu es contente, alors, on t'a remarquée, une fois de plus ?

– Est-ce que pour l'occasion tu t'es mise au hip-hop ? me titille Alice.

Je hausse les épaules. Zita aboie :

– On t'a posé des questions, tu pourrais répondre.

– Je ne vois pas l'intérêt.

– Pourquoi ? Tu t'y crois... ou quoi ? C'est pas parce que trois bouseux t'ont applaudie qu'il faut te prendre pour une star et nous traiter de haut...

La dégelée ! J'en reste interdite. En tout cas, il y en a une qui a réussi son coup : Julie ! La zizanie, ça la connaît. Experte, elle en remet une louche :

– Trois bouseux, tu pousses, dit-elle, le théâtre Eldorado était plein !

Zita s'esclaffe :

– Le théâtre Eldorado... Ho ! le nom ! D'un plouc !

Vic lui coupe sèchement le sifflet :

– N'empêche, Éva Miller y était.

– Éva Miller, l'étoile de l'Opéra ? insiste Alice, incrédule.

– Oui. Même qu'elle est venue nous féliciter en coulisses...

Zita se tourne vers moi :

– C'est ta « grande amie[1] »... n'est-ce pas ? Ses compliments étaient de la politesse. Voilà tout.

Quelle mesquinerie ! Je riposte du tac au tac :

– De la politesse ? Ça m'étonnerait ! Elle m'a proposé de me donner des leçons particulières... !

Le coup a porté ! Zita pâlit. Et les autres poussent des « Oh » et des « Ah » ! Moi, je me mords la langue. À part Vic, personne n'était au courant. D'ici que ce privilège me fasse mal voir...

En tout cas, il a piqué Zita au vif ! Elle s'écrie :

– On s'en fiche de tes cours avec une étoile, ma pauvre Nina ! Tu ne sais pas où on va bientôt danser, Alice et moi... !

– Tais-toi ! proteste Alice. Il faut pas en parler...

Amandine s'écrie :

– Si ! Vous en avez trop dit...

Et c'est une vraie cacophonie.

– Allez !

1. Voir *Pleins feux sur Nina*, n° 6.

– Racontez !

– Ce sera en Angleterre, je parie !

– Perdu ! s'écrie Alice.

Ça calme un peu le jeu. Les Vertes se taisent. Sauf Julie qui lance :

– Madrid ! Vous allez à Madrid... je sais !

Stupeur générale. Zita et Alice fixent Mlle Langue-pointue avec ébahissement. Côté potins, rumeurs ou ragots, elle a toujours une longueur d'avance.

Elle insiste :

– Même que c'est au concours *La Argentina*, hein ?

Les deux autres sont dépassées par son astuce.

– Oui, répond Zita d'un ton contraint.

Et Alice s'étonne :

– Comment tu le sais ?

– Ah ! voilà ! se rengorge Julie, qui ne révèle pas ses sources.

Elle finit de se rhabiller avec un air énigmatique (et horripilant). Un frisson d'excitation fait frémir les Vertes. Elles se renvoient comme des balles les mots

« concours » et « Madrid ». Elles ont toutes envie d'y participer. Moi aussi.

Mais Zita nous toise :

– Vous savez, les filles, entre le voyage, l'hôtel, l'inscription, les tutus... ça revient très cher. Tout le monde ne peut pas se le payer.

Cette précision m'est destinée. Merci, Zita. Une bouffée de mélancolie m'étrangle. Pas longtemps. Ce concours ? Je m'en moque ! J'ai une étoile pour moi. De mon côté. Une étoile qui va me faire travailler.

Alors...

De quoi je me plaindrais ?

En grimpant l'escalier, on croise les garçons qui descendent du studio Nijinski. Maxime, Vivien Fernon, Émile... et trois ou quatre inconnus. Dommage que Mo ne soit pas parmi eux...

– Poussez-vous, les Vertes !

Non mais ! Bande de mal élevés !

– Dis donc, Émile, tu te crois où ? Je le dirai à Garance !

Quelle bousculade ! La galanterie se perd, d'après Mme Suzette.

– En principe, on laisse passer les « dames »... remarque Julie, pincée.

Ces messieurs ricanent :

– Ho ! l'autre... !

– Parce que tu es une dame, toi ?

– Excuse-nous...

– On s'était pas rendu compte !

Bizarre ! Aucun ne l'appelle plus « Musaraigne », une habitude du bel Alex. Et ça me fait une impression bizarre.

Qu'est-ce qui me prend ?

À cet instant, je le regretterais presque, celui-là, malgré le sale tour[1] qu'il m'a joué ! J'ai de ces réactions... ! Peut-être parce que je n'aime pas tellement les changements, dans le fond, même si je m'adapte à tout.

Et une voix me fait tressaillir.

– Ça va, Nina ?

Vivien Fernon me fait un sourire grand comme ça, engageant, comme on dit. J'ignore à quoi peut engager ce genre de sourire, d'ailleurs...

Je marmonne :

– Oui, merci, ça va.

1. Voir *Coups de bec*, n° 8.

Vic me flanque un coup de coude, et on a une sérieuse envie de rigoler... ! Elle est encore écarlate d'avoir croisé Maxime de tout près, elle. Mais je suis trop sympa pour le remarquer... !

Enfin, l'escalier gravi, nous entrons dans le studio Nijinski. L'atmosphère est poissée par la transpiration des garçons.

– Oh ! la la ! ça pue le fauve !

– D'ici qu'on tombe asphyxiées dès les pliés... !

– En tout cas, ce gaz carbonique est mauvais pour la santé !

Vic et moi, on se précipite pour ouvrir la fenêtre. Un peu d'air frais vient du dehors. On le respire à grandes goulées, vite, avant que Piotr Ivanov et M. Marius ne reviennent du vestiaire des professeurs ! Entre les leçons, ils vont y griller une cigarette.

Et, brusquement, je pince le bras de Vic :

– Regarde...

Une main invisible a ouvert en grand les battants de la porte cochère... et deux infirmiers entrent en transportant une civière où est allongé Maître Torelli.

Je chuchote :

– Dis rien.

Si les autres l'apercevaient dans cet état, ça me déplairait ! Les paupières closes, il ressemble à un gisant. Mme Camargo sort de chez elle pour l'accueillir. En entendant sa voix (Serge...) il ouvre les yeux, et sourit. Venue de l'accueil, Mme Suzette se précipite vers lui, tandis que Coppélia va et vient entre les pieds des uns et des autres. Elle n'aboie pas. C'est ce qui m'impressionne le plus, je crois.

D'un seul geste, on referme la fenêtre, Vic et moi. Nos regards se croisent. On s'est comprises 5 sur 5 sans se parler.

C'est bien.

6
Clash

Nous sommes au milieu. En plein adage[1]. M. Marius joue un morceau très lent, très doux, qui prend à la gorge et, en même temps, donne terriblement envie de danser.

J'adore !

J'en oublie presque Qui fait le cours. Hélas, Il me le rappelle très vite... !

– Nina Fabbrrri...

Prononcé par Piotr Ivanov, mon nom

1. Adage : au cours, exercice lent destiné à travailler l'équilibre. Pendant un ballet : première partie d'un pas de deux.

paraît laid, alors qu'il est si joli ! Quand ce prof m'adresse la parole, j'ai l'impression qu'il me jette un caillou.

Son *r* à la rrrusse me frappe dans le dos pendant une *promenade* en attitude. J'en tressaille. Oh ! à peine. Mais ça suffit : ma jambe de terre tremble imperceptiblement. Il le voit.

– Manque de concentrrration, dit-il.

Quelle mauvaise foi ! Il a fait exprès de me déstabiliser, je le sais. Si je pouvais lui répondre... oh ! des tas de choses...

Monstre, sadique, sale mec... ! J'imagine sa tête... quoique... mieux vaudrait le mettre au pied du mur et l'interroger carrément : « Qu'est-ce que je vous ai fait ? » Alors là... ! Je parie qu'il serait mortellement gêné ! Être pris à partie par celui qu'on persécute, ça vous met en face de votre propre méchanceté ; très, très gênant, à mon avis...

Aurai-je, un jour, le courage de lui poser cette question ?

Je me le demande. Et je me tais. Bien sûr.

Obéissance et humilité.

Deux mots à ne pas perdre de vue, si on veut danser. Mais j'en ai parfois ras le bol de l'obéissance et de l'humilité.

Les dernières notes qui s'échappent du piano ponctuent mes pensées et s'y mélangent. Pour le coup, je suis un peu déconcentrée...

À qui la faute ?

Suivez mon regard !

Nous nous arrêtons en quatrième ouverte, les bras joliment arrondis, la tête tournée vers le miroir. Nous sourions à notre image comme à un public invisible. M'apercevant entre les Vertes, je ne me trouve pas si mal que ça...

Heureusement que j'ai mon reflet pour m'encourager !

– Nina Fabbrrri...

Encore ? Il ne peut pas me lâcher, celui-là ? Je me mets presque au garde-à-vous. Les autres me lancent des coups d'œil furtifs. Moi, je regarde Piotr Ivanov avec méfiance. Mais un brusque sourire l'illumine.

– Refais l'enchaînement, dit-il. Toute seule. Pour qu'on te voie.

J'acquiesce d'un signe de tête. Une bouffée de trac me brûle les joues. Quoi... mon « ennemi » me met en évidence ? Je n'arrive pas à y croire. Mes camarades non plus. La moue dépitée de Zita... !

S'il ne me détestait pas tant que ça... finalement ? Peut-être que j'exagère ? Je brode ou j'affabule...

– « Mousique », monsieur Marius.

Au rythme des accords, je me place, cœur battant. Je dois bluffer Piotr Ivanov. Il est en train de me donner une toute petite chance. Il teste mes réactions de ballerine. Il faut l'éblouir.

Vas-y, Nina...

QUAND MÊME !

La musique me prend par la main.

Temps lié, attitude, promenade...

Elle m'entraîne, je la suis.

Développé à la seconde, grand rond de jambe, arabesque penchée...

La musique est amicale et familière. Avec elle, je ne risque rien. Je me sens bien. Je ne pense plus à Piotr, ni aux Vertes. Je danse.

Pas de bourrée dessus dessous, pirouette...

Telle la volute d'un ruban, la musique accompagne mon tour. Je m'arrête, souriante. Silence. J'attends... Non ! pas un compliment exagéré (ne rêvons pas), mais une petite approbation, genre « C'était juste » ou « Tu te débrouilles, Nina ». Je mérite un mot sympa. Enfin... je crois.

– Vous avez vu, les filles ? s'écrie Piotr Ivanov.

Et sa voix glaciale me traverse le cœur comme une aiguille :

– Nina Fabbri est exactement l'exemple à ne pas suivre.

Épinglée. J'en reste épinglée au sol, les bras toujours ouverts. Un papillon sur un bouchon, ailes déployées. J'ai trop mal pour bouger.

Il se plante en face de moi :

– Parce que tu as improvisé à Ploumaël, tu te crois maintenant tout permis, et tu fais n'importe quoi.

Le menteur ! Il me déteste. Oui. Vraiment. Je n'exagérais pas : la preuve ! Mais s'il croit qu'il va m'écrabouiller comme ça... ! L'indignation me donne la force de secouer mes ailes ; je m'arrache à l'épingle, et voletant deux pas en arrière, je crie d'une voix heurtée :

– C'est vous qui racontez n'importe quoi... et vous le savez !

– Tais-toi.

– Non. Je dis la vérité... moi !

À cet instant, je me fiche de l'obéissance, de l'humilité... et de tout ce qu'on voudra ! Je dois me défendre. Ou, plutôt, je dois défendre Nina Fabbri, la danseuse. Celle que je deviendrai. Celle qui est attaquée par Piotr Ivanov. Mais comment m'y prendre ? Après mon coup d'éclat, je ne sais plus quoi dire. Soudain, je me sens bien petite, face à ce bonhomme. Il me dépasse d'une tête. La colère allume ses yeux. Je suis sans force. Sans arguments.

– Des excuses... immédiatement ! m'ordonne-t-il.

Et quoi encore ? Je tremble de la tête aux pieds, mais je ne mollis pas.

Il insiste :

– On ne parrrle pas comme ça à son professeur.

Alors... là ! Il a trouvé la phrase qui fait mouche. Ma bouche se retrousse en un petit sourire, je le sens. Une brusque vague de courage me soulève très haut. Je riposte :

– Mais vous n'êtes pas MON professeur, monsieur.

Je fais exprès de lui donner ce titre plat, banal, passe-partout. Jamais je ne l'appellerai *Maître*. Jamais. C'est trop beau pour lui.

Je crache avec mépris :

– Vous n'êtes qu'un remplaçant... monsieur.

Il me fixe, décontenancé. Il a une drôle d'expression. Stupeur, colère, ou... quoi ? Je l'ignore. En tout cas, m'empoignant subitement par le bras, il me traîne à la porte, et il me jette dehors. Sans un mot.

Le battant claque dans mon dos.

Mme Camargo... vite !

Elle seule me comprendra, je le sais. Elle comprend toujours tout.

Je dévale l'escalier. À l'accueil, personne. Chouette ! La voie est libre : je cours au bureau de la directrice. Toc-toc. J'attends. Pas de réponse. J'écoute. Aucun bruit. Elle n'est pas là – restée avec Maître Torelli, sûrement. Mon moral dégringole au-dessous de zéro.

Que faire ?

Rien. Je suis fichue. En lui racontant l'histoire la première – à chaud, quoi ! – j'avais une petite chance d'être soutenue... mais là... ! Piotr lui servira sa version. Et... tais-toi, Nina ! Tu es archi-fichue !

Je remonte chez les Vertes.

Je me rhabille avec des gestes cotonneux. Piotr Ivanov m'a flanquée à la porte. Inutile d'essayer de remonter en classe. Et si je lui présentais les excuses réclamées... après tout ?

Non mais ! Ça ne va pas, Nina ?

Je chausse maladroitement mes baskets : j'ai les genoux tout mous. J'enfile ma doudoune.

Bon.

Et maintenant... ?

7
En fraude

Où aller ?

À la maison ? Non. Si Garance s'y trouve, elle risque de ne pas comprendre, et elle va me passer un de ces savons ! Appeler Mo, ou le rejoindre... ? À 14 heures, il est encore au collège. Filer en RER à Aubry-sur-Marne... l'attendre à la sortie... ! Rien qu'à y penser, j'ai le cœur qui se met à battre comme un tambour... mais « je ne sais quoi » me retient. Enfin, si, je sais quoi : la trouille de la réaction de Garance, encore.

La seule fois où je suis partie en cachette à Aubry, ça a bardé[1]...

Je préfère éviter le remake !

En attendant... je suis seule comme un rat !

Personne pour me dire : Ne t'en fais pas ! Personne ne me pose la main sur l'épaule... Personne ne me chuchote : Je t'aime... bien.

Abandonnée, Nina Fabbri !

Je redescends l'escalier à pas lents. J'espère (presque) être arrêtée par Mme Suzette ; elle glapira le règlement : INTERDICTION DE SORTIR ENTRE LES COURS ! Obligée à la discipline, je remonterai chez les Vertes, à l'abri...

Hélas, l'accueil est toujours aussi désert. Le destin me lâche ! En filant de Camargo, je fais une bêtise, je sais, merci. Mais je n'y peux rien...

C'est la faute de Piotr !

Je suis poussée par la fatalité...

J'aime bien cette expression : elle fait

1. Voir *Le garçon venu d'ailleurs*, n° 5.

héroïne de roman. Et je pars... au hasard.

J'ai besoin d'air. Point barre.

Mais je ne respire pas tant que ça !

Dans le brouhaha de la ville, je me sens une pauvre bichette perdue. J'ai l'impression de m'être égarée au milieu d'une forêt. Une forêt moderne, bien sûr. Hauts à cacher le ciel, les immeubles ont remplacé les arbres, les bêtes nuisibles se sont changées en voitures, et les gens...

Ils sont devenus quoi, au fait, les gens ?

Rien, je me dis. Ils n'ont pas changé ! Parmi eux, comme dans les ballets, se cachent toujours des chasseurs ou des sorcières... mais, aussi, des fées.

C'est vrai : elles existent. J'en connais une, d'ailleurs... Et je cours jusqu'à l'arrêt d'autobus. Voilà où je dois aller : chez la fée... !

À l'Opéra.

Le bus m'a crachée sur la place ; et j'ai une seconde d'angoisse. Tout à coup, le

Palais Garnier me paraît une inexpugnable forteresse. Masqué par de gigantesques échafaudages de bois (il est en réfection), il ne ressemble plus à mes souvenirs éblouis. Cet hiver, j'ai assisté à une représentation de *La Bayadère*, avec Zita et ses parents [1], et je ne suis pas revenue depuis.

Comme tout a changé ! Oh ! pas seulement le bâtiment, mais moi aussi – quand j'y pense – et les autres. Ça me fait drôlement bizarre de me retrouver ici ! Comme si je débarquais de la machine à remonter le temps... !

La Nina de cette époque-là n'existe plus, je crois.

J'ai grandi. J'ai (presque) vieilli. Je suis moins « petite fille »... Dommage ! Quoique... pourquoi dommage ? Je n'en sais rien.

Un gros soupir me soulève la poitrine. Inutile de *rêvasser*. Il faut agir. Direction : l'entrée des artistes, dans la cour Diaghilev, derrière l'Opéra. Après le spectacle, quand

1. Voir *Nina, graine d'étoile*, n° 1.

j'étais petite, Maman m'emmenait toujours à cet endroit pour attendre les danseurs et leur réclamer un autographe. Nous patientions de l'autre côté de la grille de fer forgé...

Aujourd'hui, je la franchis.

D'un air assuré (malgré mes genoux qui s'entrecroisent) je traverse la cour. J'entre. Une fois dans le vestibule, je vais taper au carreau d'une espèce d'aquarium : le concierge y est prisonnier.

Il s'informe :

– Qu'est-ce que tu veux, petite ?

– Voir Mlle Miller, s'il vous plaît.

– Tu as rendez-vous ?

Je respire à fond, et lâche :

– Bien sûr.

Il me regarde d'un air moqueur.

– Ça m'étonnerait, vois-tu. Mlle Miller est en train de répéter. Interdiction de la déranger.

– Justement, elle m'a dit...

– N'insiste pas, m'interrompt-il. Si Mlle Miller « t'avait dit », l'ordre m'aurait été transmis.

Je bredouille misérablement :
– Il y a un malentendu, alors...
– Sans doute, et tu reviendras lorsqu'il sera éclairci.
En plus, il se fiche de moi ! Vaincue, je marmonne : « Merci, monsieur », et je m'en vais.
Bravo, Nina !
C'est ta journée !

Je repasse, démoralisée, devant le Palais Garnier... et je regarde avec envie les touristes montant les marches de l'immense perron. Malgré les travaux, le théâtre est ouvert au public, dirait-on.
Alors...
J'hésite une seconde... puis, brusquement, je me précipite derrière un groupe. Pourquoi je n'irais pas... moi aussi ? L'Opéra... c'est un peu ma maison ! J'entre dans la semi-pénombre du vestibule. À cette heure-ci, les lustres sont presque tous éteints. Sous l'éclairage sourd, les gens parlent à mi-voix, comme s'ils se trouvaient à l'église.
Mais quelqu'un lance à pleine voix :
– Pour la visite guidée, par ici !

« Mon » groupe (une dizaine de personnes) obéit à cette invitation. Et... moi aussi !

Tout à coup, j'ai une idée...

Géniale... ou complètement folle, comme on voudra !

8
L'envers du décor

– Vos tickets, messieurs-dames !

Oh ! zut ! J'adopte un profil bas... et des grands-parents d'occasion. Me collant aux basques d'un couple d'un certain âge...

Je passe en douce !

L'appariteur ne me voit pas... et, s'il me voit, il s'en fiche ! Il n'y a de la veine que pour la canaille, dirait Mme Suzette. On gravit l'escalier de marbre.

– Par désespoir amoureux, raconte le guide, un danseur s'est jeté un jour du haut de ces marches ; la pierre garde à jamais l'empreinte de son corps brisé... ici !

Ici ? Tout le monde se penche. On ne

voit pas grand-chose, mais chacun s'apitoie ou se récrie.

C'est triste, en effet.

Mais à vrai dire... je ne suis pas très réceptive à ce drame : j'ai d'autres préoccupations en tête.

Éva Miller...

Maintenant que je suis dans la place, comment vais-je me débrouiller pour l'approcher ?

Pour l'instant, on bifurque dans le grand foyer. Or des colonnes, cristal des lustres, immense parquet luisant... qu'est-ce que c'est beau ! Prendre une leçon ici... le rêve ! Combien de déboulés pourrais-je faire, en diagonale, d'un bout à l'autre... ? Je me le demande. De quoi attraper le vertige... !

Je glisse un coup d'œil aux gigantesques miroirs dans leurs trumeaux tarabiscotés, et je m'aperçois, tout au fond, perdue parmi des inconnus à la tête levée vers les peintures du plafond...

Ce sont mes futurs spectateurs, me dis-je. S'ils savaient... ! Mais ils ne peuvent pas deviner qu'une graine d'étoile les accompagne... incognito. Et je les regarde avec une espèce de tendresse... comme s'ils m'applaudissaient déjà.

– On continue la visite, messieurs-dames !

Répercutée par la profondeur du grand foyer, la voix du guide résonne, caverneuse. On obéit précipitamment. Direction : la salle de spectacle. J'en ai une bouffée d'espoir. Le concierge a dit qu'Éva Miller répétait. Alors... elle s'y trouve... peut-être ? Non. Elle s'y trouve sûrement. Le cœur battant à tort et à travers, je n'écoute plus les explications du guide sur les beautés du corridor circulaire. Je me fiche que ses mosaïques soient de Machin, ou ses torchères en bronze de Truc...

Il faut qu'Éva me voie !

Et on entre dans la salle, cette gigantesque boîte de velours rouge où, invisibles, sont enfermés tous les personnages de ballet. Hélas, à cette heure-ci, elle a l'air vide. Pour de bon. Le rideau de scène est baissé.

Et... aucune trace d'Éva Miller.

J'ai beau écarquiller les yeux, on y voit à peine. Dans l'ombre, tout là-haut, les pendeloques de l'énorme lustre ressemblent à des stalactites. Le guide chuchote, comme s'il craignait de déranger quelqu'un...

Moi, j'ai le moral dans les chaussettes.

Bulle de savon, mon rêve vient d'éclater.

J'en pleurerais, si je pouvais.

Soudain, je me sens beaucoup moins graine d'étoile. Je me sens même... rien du tout ! Tête basse, je ressors de la salle derrière les autres. Au passage, j'aperçois mon visage penaud dans le miroir masquant une porte, au fond du couloir...

Mais... mon reflet m'échappe : le battant s'ouvre. Un type apparaît, pressé. Derrière son dos, j'entrevois la spirale d'un escalier...

– Interdit au public ! annonce le guide. Il dessert les coulisses et les loges, pas prévues dans la visite d'aujourd'hui.

Un « Oh ! » déçu échappe au troupeau. Moi, je me mords les lèvres...

Interdit ?

Au « public », d'accord, mais pas aux danseuses, je me dis. Pas à Nina Fabbri.

Alors, je traîne, je ralentis, je laisse filer mes « grands-parents »... et, dès que le guide se retourne de l'autre côté, je me faufile par la porte mystérieuse. Ni vu ni connu.

Éva Miller...

Je dois... non ! je vais la retrouver !

Comme si j'étais une habituée de la « Grande maison [1] », je grimpe un étage d'un pas assuré. Sur le palier, une autre porte... je la pousse, je fais quelques pas dans un corridor désert.

– Qu'est-ce que tu cherches, toi ?

Me tapant dans le dos, cette voix d'homme me coupe presque le souffle. Je fais volte-face :

– Me suis perdue...

Gênée à en avoir les mains moites, je n'ose pas regarder cet inconnu en face. Quoique... entre mon sac à dos, mon chignon et mes pieds en canard, il risque de me prendre pour un « vrai » rat de l'Opéra – une élève de l'École de Danse. Du coup, je me décide à lever les yeux vers lui. Entre

1. *La grande maison :* surnom donné par les danseurs de l'Opéra au Palais Garnier.

deux âges, les cheveux gris, il a des yeux plutôt gentils ; je lui dis brusquement :

– Je dois voir Éva Miller, et...

Je m'étrangle de timidité. Je ne sais pas quoi ajouter. Je me sens rougir jusqu'à la racine des cheveux.

– Tu as rendez-vous avec elle ?

Nina, ce n'est pas le moment de te dégonfler ! À la une... à la deux...

Et à la trois, j'affirme :

– Oui. Je suis son élève.

– Ne t'inquiète pas, me dit-il. Je t'accompagne.

Il rit :

– Si je t'abandonne à ton sort, tu risques de tourner pendant huit jours dans ce dédale sans la trouver.

Poliment, j'imite son rire ; ça sonne faux. En fait, je n'ai aucune envie de rigoler, plutôt un trac qui me glace. Si je m'écoutais, je détalerais au triple galop ! Tout à coup, je ne suis plus aussi sûre de moi. Éva Miller risque de m'accueillir fraîchement... après tout ! On ne tombe pas comme ça sur le dos des gens... c'est mal élevé, me dis-je. Un peu tard.

– Tu viens ? me lance le « chien saint-bernard » de Garnier.

Je le suis.

On bifurque dans un couloir plus étroit. Je frôle d'énormes malles d'osier rangées à la queue leu leu contre le mur ; elles portent cette inscription peinte en grosses lettres : OPÉRA DE PARIS. Dire qu'elles doivent renfermer des merveilles... Fourrager là-dedans, quel pied ! En passant devant une pièce à la porte entrebâillée, j'y jette un coup d'œil...

– Oh...

Des couturières s'activent dans des flots de tulle qui bouffent et ondulent sur une grande table. Sanglant la poitrine d'un mannequin de bois, un bustier rouge et or rutile, et, oiseaux légers qui se balancent, des tutus sont accrochés au plafond.

– ... la la !

C'est trop magnifique !

– Allez, ne traîne pas, petite, ou tu vas rater Mlle Miller.

Je me précipite. Nous prenons l'ascenseur. Il nous emporte très haut. Après, on débouche dans un couloir où résonne une musique familière. Je suis arrivée.

Mon sauveur pousse doucement la porte d'un studio de répétition.

– C'est là.

Me voilà au pied du mur... et quelle panique ! Je bredouille :

– Vous croyez que je peux... ?

– Puisque tu as rendez-vous...

Là, impossible de reculer....

J'entre !

9
Petite mère

Le cœur battant comme une cloche, ou un marteau, ou un tambour – comme on voudra – bref, le cœur battant très fort, je me glisse à l'intérieur.

La salle est vaste, tout illuminée par la lumière qui y descend droit du ciel à travers d'immenses vasistas, et par les néons placés au-dessus des barres. Après la pénombre des couloirs, j'en reste éblouie pendant un quart de seconde.

Mais la musique se tait brusquement. Derrière le piano, un type aux cheveux ébouriffés me contemple avec des yeux ronds.

– D'où tu sors ? s'étonne alors une femme plus très jeune, vêtue d'un jogging mauve, et assise sur une chaise, le dos au grand miroir.

Je lui fais un sourire crispé :

– Excusez-moi...

Un chien dans un jeu de quilles, voilà ce que je suis. D'un regard éperdu, je cherche Éva Miller. Et je l'aperçois, devant la grande fenêtre en demi-lune aveuglée par un rideau léger. Par-dessus son justaucorps noir, elle a passé une jupe de travail en tulle. À la main, elle tient un éventail qu'elle referme d'un coup sec.

– Ma parole, s'écrie-t-elle, c'est Nina !

– Qui ? s'informe la dame en mauve.

Éva répond :

– Ma *petite fille*.

J'en ai un coup dans l'estomac. *Petite fille* = *Petite mère*[1] ! C'est logique. Ainsi... l'étoile m'a « adoptée » ? Ça fait drôlement plaisir à entendre... après les vacheries de

1. *Petite mère (ou petit père) :* à l'Opéra, danseur plus âgé qui prend sous son aile un débutant, l'encourage et le conseille.

Piotr ! Je pensais qu'elle se contenterait juste de me faire travailler, mais elle va plus loin ! Devenir la petite mère d'un jeune danseur est un engagement. Du coup, la « mauve » me jauge d'un autre œil.

– Elle est à l'École ? demande-t-elle.

– Non. Mais elle le mériterait.

Du miel ! Ces paroles sont du miel bien doux, bien sucré ; je les déguste à la petite cuiller. Je les savourerai encore et encore lorsque ça ira mal. Je mériterais d'être élève de l'école de danse de l'Opéra... S'il entendait ça, l'Ivanov, il en attraperait la jaunisse !

Je souris, mais alors, grand comme ça ! À Éva, au pianiste, à la dame en mauve...

– C'est vrai qu'elle est très jolie, cette petite, remarque-t-elle.

Là, je plane ! Mais je dégringole en piqué dès qu'Éva me précise :

– En principe, Nina, tu n'as pas le droit de venir ici.

– Je... je... excu...

Elle m'interrompt net :

– Allez, mets-toi vite dans un coin ! On discutera après la répétition.

Petite souris (non ! « rat de l'Opéra »), je me fais minuscule... et invisible, j'espère, en m'asseyant à même le sol près du piano, les jambes repliées en lotus, les épaules affaissées.

– Ton dos... me reprend machinalement « Mme Mauve ».

Vite, je redresse l'épine dorsale ! Pas de répit, dans la danse. On ne se laisse jamais aller. Enfin... en principe. Ça me plaît, au fond.

La dame s'adresse à Éva :

– Reprenons.

D'un revers de poignet, l'étoile déploie l'éventail (quel joli geste !) à l'instant où le pianiste libère une musique pétillante, joyeuse, cabriolante. *Don Quichotte* [1] ! J'adore. Ça me donne une de ces envies de danser... ! Hélas ! ce n'est pas (encore) mon tour...

Quelques années à patienter, quoi, avant de devenir ce feu follet de Kitri ! En atten-

1. *Don Quichotte :* ballet de Marius Petipa sur une musique de Minkus, créé au théâtre Bolchoï de Moscou en 1869.

dant, je m'emplis les yeux de la grâce (et du panache) d'Éva Miller. La regarder travailler vaut bien une leçon, me dis-je, surtout une leçon avec Piotr Ivanov... ce... cet...

Voyons, oublie-le, Nina !

En trois secondes, c'est fait : mon tortionnaire n'existe plus. Ce que je vois est tellement génial ! L'étoile est une flamme, un tourbillon, une rafale... je ne sais trop comment m'expliquer... mais elle décoiffe ! Elle est cette Espagnole qui, par ses tours et ses grands jetés, met en ébullition tout un cabaret. Sa danse me colle la chair de poule.

L'éventail qu'elle agite semble fouetter l'air.

Super Éva-Kitri ! Lorsqu'elle s'arrête, le souffle court, je me retiens d'applaudir.

– Pas mal, chérie, lui dit Mme Mauve.

C'est tout ? Elle est difficile ! Mais... même les étoiles doivent apprendre, apparemment ! Elle se lève péniblement. Bon sang ! elle est plus vieille qu'il n'y paraissait. D'un pas ankylosé, elle s'approche d'Éva, lui prend son éventail... et, là, dans l'éclat du néon, je reconnais brusquement son profil...

Nina V..., l'étoile !

Dans les vieux magazines de ma mère, j'ai vu sa photo des dizaines de fois... Et on porte le même prénom ! J'en ai la gorge serrée. Si Maman m'avait appelée ainsi à cause d'elle... après tout ?

– Sois plus mutine, conseille-t-elle à Éva, en faisant bouger l'éventail.

On dirait les ailes d'un papillon !

– Tu vois... de cette façon ! C'est un artifice de séduction, ne le secoue pas comme un journal plié en quatre... Tu glisses un regard de velours derrière... L'amoureux de Kitri, Basile, doit en être tout tourneboulé.

Elles éclatent de rire. Moi aussi. J'adore cette manière rigolote d'expliquer les choses ! Et je pense :

Voilà comment la danse se transmet...

L'ancienne ballerine enseigne les pas et les mystères d'un rôle à la nouvelle étoile. Puis celle-ci reprendra les mêmes mots pour guider une débutante... un jour ! Et cela dure depuis si longtemps... Depuis toujours... depuis que la danse existe.

C'est ainsi qu'elle traverse les siècles.

Je trouve ça drôlement joli ! Et je me demande si la danse dure justement parce qu'elle est transmise par des êtres vivants.

On ne l'apprend pas dans les livres, mais par le cœur, l'émotion, la sensibilité d'un autre. Est-ce pour cela qu'elle est éternelle ?

Je crois.

– Bon, recommence, Éva, lance Nina V... en se rasseyant.

Le pianiste tape sur le clavier avec un entrain endiablé. Le jupon de Kitri voltige, son éventail bat follement, et ses chaussons vont plus vite que le vent...

Moi, je retiens ma respiration.

Quand je danserai *Don Quichotte*, à mon tour, je me souviendrai de tout ça. Je le sais.

10
Trente-six chandelles

Maintenant, bringuebalée dans le bus, j'ai l'impression d'être un personnage de bande dessinée qui a plein de petites étoiles autour de la tête. Des petites étoiles de bonheur.

Je répète tout bas :

– Demain, demain, demain...

Un très beau mot, je trouve, surtout en ce moment ! Demain, je vais travailler avec Éva. C'est décidé ! Après sa répétition (et j'ai fait une révérence très élégante à Nina V... pour lui dire au revoir), elle m'a emmenée boire un thé à L'Entracte, un café très chouette de la place de l'Opéra (lumières tamisées, tables en bois verni, et fauteuils confortables). On a parlé. Je lui ai raconté Piotr. « Ne te laisse pas entamer », m'a-t-elle dit. Bien. D'ailleurs, ce n'était pas mon intention. Mais le soutien d'une étoile m'a regonflée à bloc. Ce prof n'aura pas ma peau ! Il ne manquerait plus que ça !

J'ai serré le poing en douce.

Quand même[1] *!*

Et Éva Miller m'a fixé un rendez-vous pour 11 heures, le lendemain, chez elle, boulevard des Batignolles. Elle prend au sérieux son titre de *Petite mère* (j'ai l'impression), ce n'est pas du flan ! Du coup, je n'ai pas osé lui avouer que le matin, en principe (sauf le samedi où nous avons cours), je fais les devoirs envoyés par le CNED...

Tant pis.

Il y a des priorités dans la vie ! La mienne, c'est la danse. Je l'ai choisie une fois pour toutes.

Alors... !

1. *Quand même !* Devise de Nina.

Et je bondis de mon siège. En effet, j'ai la tête dans les étoiles : un peu plus... je ratais l'arrêt ! Je redescends sur terre, au propre et au figuré. Tout à coup, une sale impression me prend à la gorge.

Garance...

D'ici qu'on l'ait prévenue que j'ai quitté Camargo sur un coup de tête ! Cette idée m'alourdit. En plus, je rentre tard, le soir tombe déjà. Ça n'arrange pas mon cas. Je grimpe l'escalier de l'immeuble d'un pas de vieillard cacochyme. Avant de sonner, je reprends mon souffle ; j'ai besoin de faire le plein de courage...

Et j'entends le remue-ménage de la maison, la voix d'Émile qui crie à sa mère :

– T'inquiète pas, Nina va revenir.

– Espérons ! Mais j'en ai marre !

– De quoi ? De la garder ?

Me « garder » ? Elle est bien bonne ! Je ne suis pas un petit chien au bout d'une laisse, ou un bébé dans son landau, que je sache ! Et elle acquiesce :

– Exactement.

Merci beaucoup.

On m'aime, ici, c'est fou ! Une seconde,

j'ai une tentation : dévaler l'escalier... filer... disparaître... faire vraiment peur à Garance... ça lui apprendra ! Mais je me déballonne, parce que...

Où j'irais, moi ?

Nulle part. Je dois voir les choses en face : je n'ai plus de « presque sœur [1] » chez qui me réfugier, et Mo habite au bout du monde. Il ne me reste qu'à...

Driiing !

La porte s'ouvre sur le visage renfrogné de ma « logeuse ». Ce soir, elle n'est rien de plus, pour moi.

– Ce n'est pas trop tôt ! gronde-t-elle. Je commençais à m'inquiéter...

La menteuse ! Elle en a marre de me « garder ». Nuance.

– Où étais-tu, Nina ?

– À l'Opéra.

– Pour quelle raison ?

Ça la regarde, par hasard ? J'aboie :

– Je suis allée voir ma *Petite mère* !

La tête de Garance ! L'expression ne

1. Voir *À moi de choisir*, n° 2.

l'étonne pas, elle la connaît, mais elle a capté mon sous-entendu désobligeant :

Ma petite mère... ce n'est pas toi !

J'insiste :

– Figure-toi que j'avais bien besoin de parler à quelqu'un de compréhensif...

– Éva Miller, si je comprends bien ?

– Oui. Elle est vraiment géniale.

Le regard de Garance se ternit. J'ai frappé juste ! Elle est vexée... ou elle a de la peine, à moins que ce ne soit les deux à la fois. Bien fait. À cet instant, Émile sort de la cuisine :

– Il paraît que Piotr t'a fichue dehors ?

Gros malin ! Il fait exprès de mettre les pieds dans le plat, je parie ! Oh ! qu'il m'énerve aussi, celui-là ! Ce soir, la famille Legat « me sort par les trous de nez ».

Je réponds, véhémente :

– Oui. Il m'a fichue dehors... et après ?

Garance s'interpose :

– Calme-toi, Nina. Personne ne t'agresse.

– Ah bon ? Heureusement que tu me préviens !

– Voyons, mon chou...

J'éclate :

– Oh ! ça va ! Je ne suis pas ton chou ! Tu me gardes par charité... ou pour gagner des sous !

– Tais-toi ! crie-t-elle.

Et elle me flanque une gifle. J'en vois trente-six chandelles... et je n'en reviens pas. Je me frotte la joue avec rage. Ça cuit. Mais si elle croit m'impressionner... !

Je me moque :

– La vérité te gêne... on dirait !

– Non, c'est tout le contraire.

Si Garance n'a jamais beaucoup de couleurs, elle est, là, aussi pâle qu'une endive. Ses yeux brillent de larmes.

– Tu ne comprends rien à rien, Nina.

– Si. Je comprends que...

Moi aussi, j'ai envie de pleurer. J'en bégaie :

– ... Je... je... j'en ai marre.

Et je m'enfuis. Dans ma chambre ? Non ! Dehors.

11
L'amour... c'est ça ?

Maintenant, il fait nuit noire. Et j'ai tout de suite froid. À cause de la chape d'humidité montant de la Seine proche... ou, plutôt, du contrecoup de la dispute. C'est drôle (non ! c'est triste) comme les choses tournent mal entre les gens, brusquement, sans qu'on sache pourquoi...

Quelle sale journée !

J'en oublie la parenthèse dorée de l'Opéra. J'ai même l'impression de l'avoir rêvée. Étouffée par un horrible sentiment de solitude, je me précipite dans une cabine téléphonique.

Vite... j'ouvre mon sac... je repêche ma

carte Télécom... et je pianote le numéro de...

Il décroche.

– Allô... Mo ?

– Nina !

Je ris de soulagement (si quelqu'un d'autre avait répondu ?) et de bonheur.

– Tu m'as reconnue ?

– La question... ! Entre mille, je te reconnaîtrais.

J'en reste muette. Il dit toujours de ces trucs, Mo, qui me frappent et m'étonnent... qui me font terriblement plaisir, quoi !

– Mme Legat t'a prévenue ? reprend-il. Je t'ai téléphoné tout à l'heure.

Suffoquée, je bredouille :

– Non, non... Elle ne m'a pas transmis le message.

Garance exagère, décidément. J'exigerai des explications... mais, pour l'instant, je murmure :

– Il faut que je te voie, Mo.

– Je veux bien, répond-il, mais...

Je sursaute :

– Mais... quoi ?

La tendresse de la minute précédente se dilue soudain dans ce « mais » réticent.

– ... c'est pas trop facile.

Ah oui ? Et pour quelle raison ? Lorsqu'on « aime... bien » quelqu'un, le voir ne représente pas un tour de force... quels que soient l'heure, le jour, la minute, les circonstances... ou ce qu'on voudra !

– J'ai une répétition avec le groupe hiphop, m'annonce-t-il.

– Et alors ? Ça n'empêche pas. Je peux venir... me mettre dans un coin... t'attendre... Donne-moi l'adresse !

– C'est trop loin pour toi.

– M'en fiche.

– Il est tard.

– Pas tant que ça.

Silence. Mo réfléchit, je suppose. Et ça me déplaît. Quand on « aime... bien », on ne réfléchit pas. On s'écrie : « Viens ! » Son attitude commence à m'énerver légèrement-sur-les-bords...

– Si tu n'as pas envie de me voir, dis-le !

– C'est pas ça, mais...

Ma phrase reste une patte en l'air, car... qui vois-je ?

– Émile !

Il gesticule de l'autre côté du bocal qu'est la cabine. La tuile ! J'aurais dû fuir loin, loin... téléphoner à cinq cents mètres de l'immeuble ! Pauvre gourde ! Je suis restée au coin de la rue... et il m'a débusquée en un clin d'œil.

– Remonte ! m'enjoint-il en tambourinant sur la vitre.

Je fais la sourde. Mo s'informe :

– Y a un problème ?

– Oui. Écoute...

Là-dessus, je pousse un cri de détresse : l'écran sur lequel défilent les unités m'apprend que...

– On VA ÊTRE coupés, Mo !

– T'inquiète, demain, je t'ap...

Clic ! On EST coupés. Je proteste :

– Trop idiot !

Et je fonds en larmes. Je n'en peux plus. J'en ai marre.

Émile entrouvre la porte.

– Allez, viens, dit-il.

Le visage ruisselant, j'obéis. Il m'attrape par la main. Je lui décoche un regard torve.

– Tu as peur que je m'échappe ?

– Ouais.

Notre conversation s'arrête là. En ce moment, je sais ce qu'éprouve un animal capturé par les chasseurs. Enfin... je crois. On entre dans l'immeuble, c'est-à-dire en cage.

– Au fait, Nina...

Émile s'arrête sur la première marche de l'escalier.

– ... c'est ça, l'amour ?

– Quoi ?

– On court dans la nuit, on téléphone, on s'énerve, on pleure...

Je réponds à mi-voix :

– Qu'est-ce que j'en sais ?

Et on monte l'escalier sans prononcer un mot.

Je reprends mon souffle.

Je suis toute droite dans le cercle de lumière, au milieu de la scène. La musique éclate. Je pique de la pointe. Mais... je ne peux pas... je ne peux plus danser !

– Maman !

Mon rêve.

Il me réveille, cette nuit encore... Autour de moi, noir et silence. J'ouvre les yeux, mais je ne bouge pas.

– Maman...

Et je vois s'éclairer l'ombre... oh ! à peine. Un point de lumière tremblote au carreau de la fenêtre, glisse dans la pièce...

Lorsque j'entends craquer une latte du plancher, près de mon lit, je chuchote :

– Tu es là ?

Une bouffée de jasmin m'enveloppe, je la respire tant que je peux. On dirait que la plante offerte par Mo a refleuri d'un coup.

Mais ce n'est pas ça...

Je referme les yeux. Quelque chose de très doux me berce. Un souffle imperceptible murmure :

– Ma Bichette...

Et, consolée de tout, je me rendors, peu à peu...

12
Le troisième scarabée

Le lendemain, au petit déjeuner, nous nous sommes rabibochées, Garance et moi. La gifle ? « C'est parce que je te considère *un peu* comme ma fille... » Merci beaucoup, c'est trop gentil ! Personnellement, je préfère que l'affection se manifeste par des cadeaux ou des baisers que par une bonne claque. Mais je n'ai pas ergoté. Trop périlleux. Autant passer l'éponge.

Je me trouve drôlement cool, par moments.

Et Garance me donne la clef de l'énigme : si elle ne m'a pas parlé de l'appel de Mo, hier soir, c'est ma faute. Eh oui !

une fois de plus ! Je ne lui ai pas laissé le temps « d'en placer une... ». Effectivement, ai-je pensé, elle n'a eu que celui de m'expédier une baffe... ! « Tu démarres au quart de tour, Nina... »

À mon avis, c'est plutôt une qualité.

« Tu es vive comme la poudre... » m'a souvent complimentée Maître Torelli. Alors, l'opinion de Garance... ! D'ailleurs, je l'oublie sur-le-champ en allant préparer mon sac.

Dure (et magnifique) journée !

Avant d'aller à l'école Camargo, je danserai avec mon étoile...

Je chantonne en enfournant mes affaires dans mon sac :

– GÉ-NI-AL... AL-AL-AL !

Pour fêter l'événement, je vais mettre mes chaussons rouges, ceux que Papa m'a offerts avant de partir en Égypte[1]. À cette idée, une boule de regret m'étouffe. Je n'aurais pas dû déchirer son fax... Quoique... il exagère... ! Il a tout ce qu'il mérite ! N'empêche ! je n'aurais pas dû...

1. Voir *Sur un air de hip-hop*, n° 4.

Et je jette un coup d'œil au scarabée bleu, sur la table de chevet, un autre de ses cadeaux. Un porte-bonheur égyptien. Doucement, de l'index, je suis le bombé de son dos aux élytres repliés. Mon père m'en avait envoyé trois. J'en ai gardé un, donné un autre à Mo...

Quant au troisième...

Il est pour Éva ! Je l'ai décidé depuis longtemps[1]... et c'est le jour ou jamais de le lui apporter. Ma *Petite mère*... Vite ! Je sors l'insecte sacré de mon tiroir, et je le glisse dans la poche de ma doudoune. Même une étoile a besoin d'un fétiche. J'en suis sûre.

Je m'en vais.

– Tchao, Mimile !

Il fait ses devoirs dans le salon, et grogne :

– Salut, Ninoche.

– À tout à l'heure, Garance !

Elle me répond de la salle de bains :

– Danse bien, mon chou !

Une seconde, j'ai un petit remords :

1. Voir *Pleins feux sur Nina*, n° 6.

j'aurais peut-être dû lui offrir le scarabée... ? Cahin-caha, elle s'occupe (assez) bien de moi et, après notre prise de bec, ç'aurait été gentil.

Mais... non !

Et je claque la porte derrière moi.

Si Garance a un fils danseur, elle est extérieure à la danse. Elle n'en a jamais senti la fatigue (ou la joie) dans ses muscles : elle ne peut pas la comprendre tout à fait, à mon avis. Ce porte-bonheur revient de plein droit à Éva. On est du même bord, elle et moi.

Je descends quatre à quatre l'escalier.

L'envie de danser avec Éva me rend légère, légère... Je suis prête à m'envoler !

– Hé ! Ho... !

Zut ! Cette voix ronchon... ! Une baguette sous le bras, Mme Griffon, la mémère à chienchien de l'immeuble, remonte en sens inverse avec Bijou, un abominable saucisson blanc truffé, qui escalade péniblement les marches avec un bruit de soufflet.

En fille bien élevée, je leur cède le passage. Au lieu de me remercier :

– Tu fais un de ces boucans, petite, me gronde-t-elle, pour une future ballerine...

Et l'animal insiste d'un aboiement asthmatique :

– Ouâ-â-âh...

Mortifiée, je jette un regard sombre à ces rabat-joie. Du boucan, moi, une presque Sylphide ? N'importe quoi !

– Dis donc, reprend Mme Griffon en haletant, elle aussi – tel chien, telle mémère –, tu vas bien à l'école de danse du bout de la rue, toi... ?

Le parfum du pain frais et chaud me reflue aux narines ; il se mêle aux relents humides de la cage d'escalier. Je m'en souviendrai toujours, de cette odeur, après, mais je ne le sais pas encore...

Je réponds d'un ton réticent :

– Oui, et Émile Legat aussi... Pourquoi ?

– Parce que d'après la boulangère, il y a eu un deuil là-bas, cette nuit.

13
... Pour l'éternité

Un deuil ?

Maintenant, je cours comme une folle vers l'école. Un deuil... chez Camargo... Est-ce que ce serait... ?

Oui. C'EST.

Inutile de me poser la question. Quelque chose me le dit... non ! me l'affirme. Je le sens à l'espèce de stupeur qui me fait tinter les oreilles. J'ai beau me répéter tout bas : « Pourvu que ce ne soit pas vrai... » Je sais que ça l'est.

Il n'y a plus d'espoir.

Je pousse la porte cochère, j'entre dans la cour.

Pas un bruit. Il est encore trop tôt, la musique n'est pas réveillée. Je déteste ce silence ! À l'école, d'habitude, il y a toujours un bout de note (au moins) qui sautille dans un coin.

Mais là...

Ce vide me suffoque. Je n'en bouge plus. J'ai oublié la leçon de l'étoile. Je ne pense qu'à... LUI.

Jusqu'à ce que...

– Nina... chuchote-t-on.

Je sursaute. Dans l'entrebâillement de la porte du rez-de-chaussée, à droite... Natividad Camargo ! Les joues grisâtres, les cheveux, noirs et secs comme des ronces, répandus sur son peignoir rose, la bouche pâle... je la reconnais à peine. Coppélia est pelotonnée entre ses pieds.

Je bredouille :

– Madame...

Elle me fait signe. Je la rejoins. Après avoir fermé la porte :

– Serge est mort, souffle-t-elle.

Je le savais, mais parce qu'elle me le dit, ça devient vraiment vrai... je me mets à pleurer. J'ai beau me mordre l'intérieur des joues, impossible de me retenir. Ces moments me rappellent trop ma maman. Elle et Maître Torelli... ça fait beaucoup... beaucoup ! Ça fait trop.

– *Vamos, vamos*... balbutie la directrice.

Elle me prend dans ses bras.

– *¡ No llores, pequeñita*[1] *!* Cela ne sert à rien.

N'empêche ! Elle sanglote aussi. En quelques phrases entrecoupées, elle m'apprend que ça s'est passé hier soir, après le dernier cours, dès que le piano s'est tu...

Étrange... non ?

À croire que la vie de Maître Torelli était accrochée comme à un fil à la musique...

Je me dis :

En l'écoutant, il pouvait encore imaginer la danse, même s'il ne dansait plus. Et ça le gardait en vie.

Mais la mort en a profité, en douce, à l'instant où il n'imaginait plus rien.

La vache !

1. *Vamos, vamos... ¡ No llores, pequeñita ! :* « Allons, allons... Ne pleure pas, ma toute petite ! » en espagnol.

Mon regard brouillé croise celui de Mme Camargo.

– Il est là... dans le salon... tu veux lui dire au revoir ? murmure-t-elle.

Soudain, j'ai très froid. L'idée me fait peur. Pourtant, lorsqu'elle ajoute tout bas : « Ça lui fera plaisir », je n'ose plus refuser. Oui, peut-être sera-t-il content, Maître Torelli ? Si ça se trouve, ils nous voient, ils nous écoutent, les morts, et, dans leur monde à eux, ils sont malheureux, satisfaits ou en colère à cause de nous... ?

Alors...

J'y vais.

Il est allongé, tranquille, sur un petit lit.

J'y vois mal : les volets sont fermés. Pourtant, je me rends compte que Maître Torelli est bien habillé, comme s'il se rendait à une fête, et qu'il attendait qu'on vienne le chercher, les mains jointes sur la poitrine et les yeux clos.

Je suis seule avec lui.

Mais je n'ai plus peur. Je chuchote :

– Maître, c'est moi, Nina Fabbri...

Puis je me tais. J'ai envie de lui dire

merci... ou... Je me souviendrai de tous vos conseils... ou bien... Je danserai « le mieux de mon mieux », je vous le jure... ou encore... Je danserai pour vous toute... toute ma vie !

Et je ne peux pas. Je ne peux plus.

Devenus larmes, les mots me dégoulinent sur les joues. Ils m'étranglent. Maître Torelli les comprend-il ? Je n'en suis plus si sûre...

Je voudrais tellement qu'il emporte avec lui la certitude que Nina Fabbri, son élève préférée, ne l'oubliera jamais.

Qu'est-ce que je dois faire... pour ça ?

Réciter une prière... lui donner un baiser...

QUOI ?

Angoissée, j'enfonce les mains dans mes poches comme si je cherchais à me réchauffer... et mes doigts butent sur un petit objet dur.

Le troisième scarabée.

Maintenant, je sais.

Il était destiné à Éva, d'accord, mais... tant pis ! Le cadeau que Maître Torelli va emporter, c'est le troisième scarabée.

Il lui portera bonheur pour l'éternité.

Je le glisse, très vite, dans la poche de son veston. Et je file sans me retourner.

Je retrouve Mme Camargo dans l'entrée.

Pendant mon absence, elle a pris le temps de rouler ses cheveux en chignon, et de mettre du rouge à lèvres. J'aime mieux ça. La voir affaiblie, malheureuse... je ne supporte pas ! Un soupçon de maquillage masque les traces visibles de son chagrin. Même si c'est pour de faux, je me sens (un peu) rassurée.

D'un geste machinal, elle tend un sucre à Coppélia. Ça me serre le cœur. Jamais, plus jamais, Maître Torelli n'offrira de friandise à la chienne, après la leçon. Et ce détail me recolle une de ces envies de pleurer...

D'ailleurs, on dirait que la petite bête a tout compris. Recrachant le bout de sucre, elle reste tête basse, la queue entre les pattes.

Pauvre Coppélia ! Elle aussi a de la peine.

Je chevrote :

– Y a pas cours aujourd'hui... n'est-ce pas ?

– Si.

Natividad Camargo précise à mi-voix :

– Il aurait détesté que la danse s'arrête à cause de lui.

Je dis :

– Bon.

Après un silence, j'ajoute :

– Vous savez, Éva Miller va me faire travailler dès ce matin.

Elle sourit :

– Je suis contente pour toi.

Du coup, je lâche sans respirer :

– En fait, hier, j'ai quitté le cours de Piotr, parce que...

Brusquement, je me tais. Quelle histoire idiote et dérisoire à côté de...

Je jette un coup d'œil à la porte du salon.

Ma bouche tremble.

– Allez, Nina, chuchote Mme Camargo, va vite danser. C'est la seule chose qui te consolera... toujours.

Je réponds :

– Oui. Je sais.

Et je pars en ravalant mes larmes.

14
La leçon de l'étoile

L'appartement d'Éva Miller (un duplex[1]) est en même temps un studio de danse. De l'étage supérieur, en s'accoudant à sa mezzanine en bois torsadé, on plonge sur une immense pièce nue ; ses seuls ornements : le miroir qui occupe le mur du fond et la barre qui court autour des autres. Ses baies vitrées s'ouvrent à mi-hauteur et elles montent jusqu'au plafond.

Je m'extasie :

1. *Duplex :* appartement installé sur deux étages réunis par un escalier intérieur.

– Superchouette !

Un ancien atelier d'artiste, sûrement. La lumière y entre à flots – autant que dans la salle de répétition de l'Opéra.

Quand je serai étoile, moi aussi, j'habiterai un lieu aussi beau. Promis-juré. Et je m'en veux. J'ai des idées frivoles alors que Maître Torelli...

Je renifle brusquement.

– Moi aussi, il m'a fait danser... murmure Éva. Quand j'étais petite.

D'un coin de kleenex, elle s'essuie les yeux :

– Un grand bonhomme. Nous avons eu beaucoup de chance de travailler avec Serge.

Je renifle de plus belle.

– Ça, je sais... et penser que c'est fini...

– N'y pense pas ! Et danse pour lui, aujourd'hui.

Elle me sourit :

– Il faut toujours danser pour quelqu'un, ça rend la danse plus belle.

Ça, je l'avais déjà remarqué. De toute façon, la danse est un cadeau en soi... mais si on trouve un destinataire précis à qui l'offrir, c'est encore mieux !

Éva Miller me précède dans le petit escalier de bois.

– Tu sais, dit-elle en descendant, il faut aussi danser pour... quelque chose.

Je répète :

– Quelque chose ?

– Oui. On doit chercher à atteindre un but bien précis.

– Le mien, c'est de réussir.

Elle rigole :

– Plutôt vague !

Je proteste :

– Oh ! non ! C'est très net... je trouve.

– Je parle d'un but plus concret, s'explique-t-elle. Plus proche, si tu veux. Un spectacle... un examen... un progrès à obtenir... que sais-je ?

En l'écoutant, j'ai une espèce de flash, une image qui m'éblouit presque.

Je murmure :

– Le concours de Madrid, par exemple.

Elle se retourne :

– Tu aimerais y aller ?

Je soupire :

– Si j'avais l'argent.

Elle ne répond rien. On entre de plain-pied dans le studio. De là-haut, je n'avais pas aperçu le minuscule tutu blanc accroché en bout de barre, un tutu d'enfant.

– Le premier que j'ai porté, m'informe l'étoile. C'est mon porte-bonheur...

Comme quoi ! Éva n'avait pas vraiment besoin du scarabée sacré. Beaucoup moins que Maître Torelli, en tout cas. Que je suis contente qu'il l'ait sur lui !

Je me place à la barre. Je scrute mon reflet dans l'eau du miroir inconnu. Bizarre... ! À part le médaillon qui brille à mon cou...

– Je me trouve différente !

– Tu t'es habituée à l'image renvoyée par la glace de Camargo, m'explique Éva. À mon avis, tu ne dois même plus y voir tes défauts. Ça ne te fera pas de mal de venir ici.

Je m'écrie :

– Surtout que depuis la maladie de Maître Torelli, personne ne s'est vraiment occupé de moi !

Et j'ajoute aussitôt :

– Je me demande comment vous remercier...

– Bosse, ça suffira ! me répond-elle en introduisant une cassette dans le lecteur posé dans un coin.

Alors... on s'y met !

Pliés, dégagés, jetés... frappés et petits battements.

Sous le regard de l'étoile, je m'applique.

Pour vous, Maître...

Mon décolleté luit. Mes joues rougissent de plus en plus. Et je commence à me sentir drôlement bien.

Ronds de jambe à terre...

Fondu à la seconde... ronds de jambe en l'air...

Arrivée là, je ne pense plus qu'au mouvement. À son rythme. À sa perfection.

Relevé en attitude.

Je garde la pose. Éva vient me « replacer ».

– Attention à tes hanches... bien parallèles, Nina, et aux épaules... plus basses... la main... détendue... la main... ! Ton genou, s'il te plaît... plus haut. Et tes côtes... elles sont trop ouvertes... non, là, elles sont trop fermées...

La danse est une mécanique de précision. Un petit défaut... ? Tout l'ensemble en est déséquilibré. Alors, j'obéis, je me corrige.

– Bien, Nina, apprécie Éva, maintenant, c'est juste.

LE compliment ! Le seul qui compte, au fond : JUSTE. J'aime bien ce mot. Quand on est juste, en dansant, ça veut dire qu'on a tout compris. Et si c'était pareil dans la vie... ? Je me demande.

Grands battements...

– Ta colonne vertébrale... tiens-la ! C'est la jambe qui monte, pas le dos qui descend !

Tout ça, je le sais. Mais (quelquefois) je l'oublie. Un instant d'inattention, un méchant coup d'œil de Piotr (= une baisse de moral), ou une idée fugitive (Mo...) et le mouvement s'en ressent. Mais, avec Éva, je ne pense plus qu'à l'exécuter le mieux possible. Et j'oublie tout le reste. Même la mort de Maître Torelli... Non ! ma seule vraie façon de penser à lui est de bien danser.

Et tant que je danse, je ne crains rien. Ni personne.

Je suis la plus forte.

15
Un revenant

Chez Éva Miller, j'étais comme « ailleurs ». Dans une bulle protectrice. Même le va-et-vient du boulevard au-delà des hauts vitrages avait l'air d'appartenir à une autre planète...

Mais, au bout d'une heure, j'ai dû replonger dans la réalité chahutée de ce jour, et retrouver le petit monde Camargo...

Plutôt triste !

Sur la porte de l'accueil, un faire-part de décès a été collé. Derrière son bureau, Mme Suzette, en noir de la tête aux pieds, est fidèle au poste. Certains s'étonnent de sa présence.

– Ça LUI aurait déplu qu'on change les habitudes, explique-t-elle.

Et, soudain, je la trouve chouette. Courageuse, quoi ! Elle était amoureuse secrètement (mais tout le monde le savait) de Maître Torelli. Être ici doit lui coûter beaucoup. Du reste, elle a un mouchoir sous le nez et des yeux rouges de lapin russe.

Pauvre Mme Suzette... ! Tout à coup, elle me fait de la peine. Elle est tellement « retournée » qu'elle n'évoque pas ma fugue d'hier. Et, d'un même élan, on s'embrasse, le premier miracle de Maître Torelli, je pense !

Après, dans le vestiaire des Vertes, Vic fait une collecte pour des fleurs. Elle en a eu l'idée la première. Que je m'en veux de ne pas y avoir pensé avant... ! Sans doute parce que j'ai déjà offert mon cadeau à Maître Torelli...

Elle passe à la ronde une enveloppe en papier kraft.

– Je n'ai rien sur moi, prétexte Zita.

Je lui jette un coup d'œil indigné. Elle est drôlement décevante. Mesquine ? Oui,

MESQUINE. Ça me dégoûte. Mais Julie-la-Peste ne la rate pas :

– Dis que tu veux rien donner, espèce de radine !

Rouge coquelicot, Zita proteste :

– T'occupe ! D'abord, IL ne m'aimait pas.

– Et alors ? Ce n'est pas une raison ! s'écrie Élodie.

– Si.

C'est trop ! J'éclate :

– NON ! Ce n'est pas une raison ! En plus, Maître Torelli t'aimait bien. Il ne te préférait pas, mais il t'aimait bien.

Alors, Zita me regarde... avec haine. J'en suis vraiment secouée. Sans le vouloir, j'ai appuyé où ça lui faisait mal. Ne pas être l'élève de prédilection du professeur l'ulcérait... bien plus que je ne croyais !

– De toute façon, ricane-t-elle, inutile de discuter, il est trop tard. Et j'ai trouvé Piotr Ivanov pour m'apprécier... à ma juste valeur !

Quelle prétention ! Les Vertes en restent baba, même Alice ! C'est dire ! Elle ergote :

– Hé ! Ho ! Tu es pas la seule qu'il apprécie, je te signale !

– Peut-être. En tout cas, grâce à lui il y en a une qui a enfin la place qu'elle mérite.

– Une... une ? insiste Amandine. Tu veux préciser ?

Julie a un petit rire :

– T'as pas compris ?

Si. Bien sûr. Comme tout le monde. Surtout moi. Cette pierre m'a frappée au cœur. Et je baisse la tête. Inutile de répondre...

Ou plutôt, la voilà, ma réponse ! Brusquement, je vide le contenu de mon porte-monnaie (un billet de cent francs + des pièces jaunes et blanches) dans l'enveloppe de la collecte.

– Mais tu donnes tout... s'étonne Flavie.

– Normal.

Détachant bien les mots, j'ajoute :

– Puisque j'étais sa préférée. Moi.

Ma phrase claque dans le silence. J'ai renvoyé son caillou à Zita. J'espère bien qu'elle l'a attrapé en pleine figure !

Après le cours de Piotr (il a fait comme si je n'existais pas), et à peine rhabillée, j'échappe à Vic. Ce coup-ci, impossible de rentrer avec elle : je cours à la cabine du coin téléphoner à Mo. J'ai acheté une carte neuve exprès. Je n'ai aucune envie d'attendre son coup de fil à la maison. Attendre... attendre... toujours attendre ! D'ici qu'il m'appelle à la saint-glinglin... ras le bol ! J'ai tant de trucs à lui raconter... mon cœur en déborde... il faudra qu'il m'écoute ! Sinon... à qui parlerai-je ?

À personne, on dirait.

J'ai beau insister, là-bas, à Aubry, on ne décroche pas. Je ressors, l'âme en torche. Je me dis :

Mo...

Ah ! s'il était encore ici, chez Camargo, ça changerait tout ! On parlerait, en effet. À tort et à travers. Il me consolerait et, qui sait ?, peut-être réussirait-il à amadouer Piotr Ivanov... Quoique, à la minute, qu'est-ce que je m'en fiche, de ce prof, à côté du départ de Maître Torelli ! Alors...

Je vais directo à « notre » coin. Si Mo n'a pas répondu, ça signifie peut-être qu'il est en route pour... ici ! Je m'accoude au parapet dominant la Seine.

S'il venait... ?

Oh ! ce serait trop génial !

Je le vois...

Il sort de la station RER, quatre à quatre. Il a tellement envie de me voir ! Alors, il vient m'attendre à l'école... avec Talj, peut-être ? C'est ça ! Le petit chat est perché sur son épaule – ou enfermé dans un panier. Et puis... non ! Tout bien réfléchi, je supprime Talj de mon film. Comment Mo arrivera-t-il à me serrer dans ses bras, s'il est embarrassé par un animal ?

Sans Talj, il marche encore plus vite ! Quand, soudain, il a une idée : « notre » coin ! Il fait le détour, comme ça, pour rien... ou plutôt, si, pour le souvenir... ou parce qu'il a compris. Il me connaît.

Je soupire.

Qu'est-ce que je suis bête avec mes élucubrations ! Mais... ce bruit léger de pas, derrière moi... Est-ce que... ? Pas le temps de me retourner... déjà une main m'effleure l'épaule.

– Nina...

Je fais volte-face. Et mon sourire se fige.

Ce n'est pas Mo.

C'est...

– PAPA !

Il a des larmes dans les yeux.

– Ma Bichette...

Moi, j'en perds la respiration. Je le regarde, éberluée, en balbutiant :

– J'y crois pas.

Et je me jette dans ses bras. Il me serre très fort, il me fait tourner, il ébouriffe mes cheveux de baisers...

– Tu vois, mon projet s'est matérialisé, souffle-t-il enfin.

– Quel projet ?

– Voyons, chérie, je t'ai écrit dans ma dernière lettre que j'avais bon espoir de faire un saut à Paris bientôt pour voir le grand boss de la boîte... tu ne t'en souviens pas ?

Le fax... le fax déchiré ! Dire que, par mauvaise humeur, je ne l'ai pas lu jusqu'au bout ! Je bredouille :

– Si, si, mais...

Mais... rien ! Mon père est là. N'en parlons plus ! En le retrouvant, je me rends compte à quel point il me manque... tout le temps !

Je le prends par la main.

Et on s'en va, tout droit, je ne sais pas où...

Que je suis contente ! J'en pleurerais...

Épilogue

On a fini par entrer dans une brasserie. On s'est installés sur les banquettes de peluche rouge d'un box, tout au fond de la salle. J'ai l'impression d'être à l'abri, comme sur une île.

Plus personne n'existe. Nous sommes seuls au monde. Et je serre toujours la main de Papa, très fort, comme s'il risquait de s'envoler... à nouveau.

– Dis, comment tu m'as trouvée, sur le quai ?

– Je t'ai vue, de loin, sortir de chez Camargo, mais tu courais si vite que je n'ai pas pu te rattraper, et je t'ai suivie.

Je murmure :

– C’est comme un rêve. Tu apparais tout à coup...

– À la façon du génie surgi de la lampe, dans les contes orientaux, plaisante-t-il.

Je le regarde dans le blanc des yeux :

– Celui qui réalise les vœux... ?

– Oui. Si tu veux.

Tiens, tiens, il y a une idée à creuser ! Je m’écrie :

– Alors, tu es obligé de réaliser les trois miens...

– Pourquoi trois ?

– Le héros fait toujours trois vœux, je le sais, je l’ai lu.

Il rit :

– Dans ce cas... Allez, dis-moi le premier.

– Je voudrais m’inscrire au Concours chorégraphique de Madrid.

Nos regards se croisent... Papa bat des paupières... et finit par soupirer :

– Accordé.

J’en ai presque une commotion. Je bredouille :

– Oh ! c'est trop beau ! Lorsque Éva saura ça...

– Et le deuxième... ? demande-t-il.

Je baisse les yeux sur la nappe.

– Écoute... ce serait super que... tu rencontres Mo...

Ma voix s'étrangle.

– Accordé, dit Papa. J'aime autant le connaître, ce garçon... !

Silence. J'ose à peine relever la tête. Mais il reprend :

– Et le troisième vœu, Nina... ?

Je lui jette un regard en dessous.

– Celui-là... je le garde pour plus tard ! On ne sait jamais.

Il éclate de rire :

– Tu es démoniaque, ma fille !

– Non. Je prévois.

Et d'un geste joyeux, je commence à faire danser ma fourchette sur la nappe blanche...

FIN

Si tu as aimé *Une étoile pour Nina* découvre cet extrait de DANSE ! nº 11 :

Un trac du diable

(À paraître au mois de novembre 2000)

J'ai peur.

Non ! plus que ça : une trouille de chien. Je dois me raidir pour ne pas trembler. Mes dents sont serrées, mes mains glacées, mon cœur me fait mal – si mal qu'il finira par se décrocher.

Et j'essaie de respirer à fond... impossible... une baleine de mon corselet me pince la peau. Quant à mes chaussons... ils me serrent, aïe, aïe, aïe ! Un vrai supplice moyenâgeux. Mais... qu'est-ce que je fiche ici, dans les coulisses poussiéreuses du *teatro de la Zarzuela*, à Madrid (Espagne) ?

Soudain, je déteste cet endroit.

Il est encombré par les concurrentes qui

se coudoient dans un frou-frou de tutus ; l'odeur d'eau de Cologne se mêle à la transpiration. Il y fait trop chaud, ou glacial, ça dépend des moments. Et la musique – la même dix fois répétée – me tape sur les nerfs.

Ras le bol !

Si je pouvais passer vite ! Être débarrassée !

Je me mords les lèvres ! Quelle honte ! On dirait que j'attends chez le dentiste. J'ai des réactions de gamine effarée. Pas de danseuse.

Allez, Nina, courage ! Concentre-toi.

Je déglutis, j'inspire, je relâche... une, deux... trois fois. Ça va un peu mieux.

Du coin de l'œil, entre les rideaux de velours noir, j'aperçois un bout de scène éclairé, un volant de tulle, des pieds qui bondissent. Mais pas question d'en regarder plus. Je dois ignorer le visage de la ballerine, ses bras, ou son sourire. Ces petits « détails » risquent de me saper le moral. Si je me dis : « Elle est mieux que moi », je suis fichue, je perdrai mon tonus précaire...

Alors, je ferme les yeux. Je pense très fort :

Maman...

Et j'effleure le médaillon d'or que je porte au cou : j'espère qu'aujourd'hui encore il me portera bonheur.

Quoique...

À cette minute, j'éprouve une drôle d'impression. À cause de Zita. Oui. Elle se trouve là, dans mon dos. Et je devine la tête qu'elle fait. Je la connais si bien... ! Je « sais » son regard noir dardé sur moi, j'en sens presque la brûlure entre mes omoplates. Je « vois » ses sourcils froncés en ailes d'oiseau.

Zita...

Dire qu'elle est ma rivale !

Tourner les yeux de son côté... lui sourire... ? Ce serait gentil, ou... élégant. Mais, franchement, à cette minute, je n'ai pas de force pour la gentillesse ni l'élégance. Surtout avec elle.

Ne gaspille pas tes beaux gestes, Nina ! Pense à ton seul, ton unique but : montrer que tu es la meilleure. Tu es ici pour ça...

Il faut revenir à Paris avec un prix.

Cette idée me colle un de ces coups de panique !

La gorge nouée, je tâche de repasser dans ma tête les pas de la variation imposée par le jury. Pourvu que je n'oublie rien ! C'est un solo de *Giselle,* cet instant où, tout heureuse, elle sort de sa chaumière pour rencontrer son amoureux...

J'essaie de me mettre dans la peau du personnage. D'un geste machinal, je fais bouffer mon jupon de paysanne en pensant :

Mo...

Je danse Giselle, mais je dois réagir, au fond, avec le cœur de Nina. Et c'est Mo que je vais rencontrer en m'échappant de chez moi. Je n'ai pas de partenaire : je peux imaginer qui je veux. Il m'attend...

Mo...

Mais qu'il me paraît loin ! Son image m'échappe...

Un brusque silence : plus de musique ! J'en oublie Mo. Il ne me reste que le trac. Sa variation terminée, la danseuse précédente s'élance en coulisses, en bousculant presque une fille sans âge, fagotée comme un sac, qui va et vient entre les concurrentes, une feuille de présence à la main.

– *La siguiente*[1], siffle-t-elle entre ses dents, *Asunción Echevarria*...

Je réprime un frisson. Nous passons par ordre alphabétique. Alors, après le E... ce sera le tour du...

Au secours !

« Rentre-leur dedans, et tout ira bien. »

Le dernier conseil d'Éva Miller ! Je dois m'en souvenir. Et ne plus penser à rien. À danser. C'est tout.

Vas-y, Nina !

Un chuchotement de la fille sans âge me fait tressaillir.

– Nina Fabbri, *tu* cassetté ?

Je la regarde, ébahie.

– Quelle cassette ?

– *Pues, la* de *tu variación.* Où elle est ?

– Je l'ai donnée tout à l'heure au monsieur qui...

Elle m'interrompt :

– *¡ No la tiene !*

1. *La siguiente :* la suivante.

Pas besoin d'être polyglotte pour comprendre. Je répète :

– Il ne l'a pas ?

– Non.

Je frémis de la tête aux pieds :

– Impossible.

– Ch'est commé cha, m'assène-t-elle avec son accent à couper au couteau.

Je bondis :

– Alors, il l'a perdue ! Je vous jure : je la lui ai donnée... Donnée. En mains propres.

– *Silencio...* fait quelqu'un.

La fille sans âge et moi, on se tait. Dans son regard, il y a une espèce de pitié inflexible. Au bord des larmes, je murmure :

– S'il vous plaît, je ne suis pas la seule à danser ça. Une autre fille peut me prêter sa cassette...

Elle secoue la tête :

– Interdit par *el reglamento.*

Je chevrote :

– Mais... moi... qu'est-ce que je vais faire ?

– *Nada,* me répond-elle.

Nada ? Ça veut dire quoi ? D'un revers de main, elle esquisse un drôle de geste, comme si elle effaçait quelque chose.

Nada... se traduirait-il par... ?

Atterrée, je la regarde avec de grands yeux.

– Nina Fabbri, tu *no* peux pas passer *tu variacón*, m'annonce-t-elle. *No*.

– Quoi ?

– *El reglamento*...

C'est ça : *Nada* = rien.

Le cauchemar... ! Je n'y crois pas. Pourtant... cet affreux rêve a l'air vrai. Je suis à Madrid pour des prunes... à cause d'un crétin de machiniste qui a égaré ma cassette... !

Oh ! la malchance... !

À moins que...

Et, tout à coup, j'ai la chair de poule. Si quelqu'un l'avait volée, cette cassette... ou cachée... ou détruite... ? Si quelqu'un me détestait assez... pour ça ? Est-ce que cela peut arriver ?

Je ne sais pas.

J'ai envie de crier... crier... crier...

Un regard sombre m'en empêche. Celui de Zita, braqué sur moi.

Elle me guettait, on dirait. Un sourire moqueur lui retrousse la bouche. Soudain, j'ai l'impression d'être sur un radeau, le plancher des coulisses oscille.

Je murmure :

– Zita...

Lumières, visages et costumes se balancent à toute allure. Je ne sais plus où me raccrocher. Je vais tomber.

Je tombe...

Maman !

Danse !

1. Nina, graine d'étoile
2. À moi de choisir
3. Embrouilles en coulisses
4. Sur un air de hip-hop
5. Le garçon venu d'ailleurs
6. Pleins feux sur Nina
7. Une Rose pour Mo
8. Coups de bec
9. Avec le vent
10. Une étoile pour Nina

Découvre aussi la collection

Toi+Moi=♥

La grande histoire de Léa :

1. Le cœur en bataille
2. Je t'aime, je te hais
3. Sauve qui peut l'amour
Marie-Francine Hébert

4. Rendez-vous sur la Côte d'Amour
Michel Amelin

5. Les carnets de Lily B.
Véronique M. Le Normand

6. Félix Delaunay et moi
Shaïne Cassim

Tu aimes te bidonner, alors dévore les romans de la collection

RIGOLO

1. **Papelucho, drôle de zozo**
Marcela Paz

2. **Un troll dans mes croquettes**
Ursel Scheffler

3. **Lucie l'éclair**
Jeremy Strong

4. **Un samedi de dingue**
Arnaud Delloye

5. **Dakil, le Magnifique**
Marie-Sabine Roger

6. **L'épicerie en folie**
Fanny Joly

Drôle d'école !

7. **Qui a tagué Charlemagne ?**
8. **Les millionnaires de la récré**
9. **La directrice est amoureuse**

Fanny Joly

Cet ouvrage a été composé par
PCA - 44400 REZÉ

Imprimé en France par Brodard et Taupin
La Flèche (Sarthe) le 23.08.2000 - n° 3679

Dépôt légal : septembre 2000

POCKET jeunesse
12, avenue d'Italie • 75627 PARIS Cedex 13
Tél. : 01.44.16.05.00